ÚLTIMA PARADA: AUSCHWITZ

EDDY DE WIND

ÚLTIMA PARADA: AUSCHWITZ

Meu diário de sobrevivência

Tradução do holandês
Mariângela Guimarães

Copyright © Eddy de Wind, 2019
Copyright © Editora Planeta do Brasil, 2019
Título original: *Eindstation Auschwitz*
Todos os direitos reservados.

Preparação: Ronald Polito
Revisão: Vivian Miwa Matsushita e Project Nine Editorial
Diagramação: Maria Beatriz Rosa
Capa: Elmo Rosa
Imagem de capa: marcovarro/Shutterstock

Dados Internacionais de Catalogação na Publicação (CIP)
Angélica Ilacqua CRB-8/7057

> Wind, Eddy de, 1916-1987
>   Última parada: Auschwitz: meu diário de sobrevivência / Eddy de Wind; tradução do holandês Mariângela Guimarães. – São Paulo: Planeta do Brasil, 2019.
>   240p.
>
> ISBN: 978-85-422-1861-9
> Título original: Eindstation Auschwitz
>
> 1. Wind, Eddy de, 1916-1987 – Memórias autobiográficas 2. Auschwitz (Campo de concentração) 2. Holocausto judeu (1939-1945) - Narrativas pessoais I. Título II. Guimarães, Mariângela
>
> 19-2812   CDD 920.99405315

Índices para catálogo sistemático:
1. Holocausto judeu (1939-1945) – Narrativas pessoais

Ao escolher este livro, você está apoiando o manejo responsável das florestas do mundo

This book was published with the support of the Dutch Foundation for Literature.
Este livro foi publicado com o apoio da Fundação Holandesa de Literatura.

2022
Todos os direitos desta edição reservados à
EDITORA PLANETA DO BRASIL LTDA.
Rua Bela Cintra 986, 4º andar – Consolação
São Paulo – SP CEP 01415-002
www.planetadelivros.com.br
faleconosco@editoraplaneta.com.br

Em 1943 o médico judeu Eddy de Wind se voluntariou para trabalhar em Westerbork, o campo de trânsito para a deportação de judeus localizado no leste da Holanda. De Westerbork os internos eram mandados para campos de concentração, inclusive Auschwitz e Bergen-Belsen. Tinham dito a Eddy que sua mãe seria isenta de deportação em troca de seu trabalho – na verdade, ela já tinha sido mandada para Auschwitz. Em Westerbork, Eddy conheceu uma jovem enfermeira judia chamada Friedel. Eles se apaixonaram e se casaram no campo. Até que, em 1943, ambos foram transportados num trem de carga para Auschwitz.

Diferente de tantas pessoas que chegavam a Auschwitz, eles não foram mortos imediatamente. Mas foram separados: Eddy foi para o Bloco 9, como parte da equipe médica, e Friedel para o Bloco 10, onde experimentos de esterilização, entre outros, eram conduzidos por médicos nazistas, incluindo os notórios Josef Mengele e o ginecologista Carl Clauberg.

De alguma maneira, tanto Eddy como Friedel sobreviveram.

Quando os russos se aproximaram de Auschwitz no outono de 1944, os nazistas tentaram encobrir seus rastros. Fugiram levando consigo muitos prisioneiros que receberam ordem de caminhar em direção à Alemanha, entre eles Friedel. Estas caminhadas, que mais tarde ficaram conhecidas como Marchas da Morte, tinham intenção de erradicar todas as evidências das atrocidades cometidas nos campos de concentração.

Eddy se escondeu e permaneceu no campo; ainda levaria meses até o fim da guerra. Ele se uniu aos libertadores russos. Durante o dia, ele cuidava de soldados russos e dos sobreviventes que os nazistas tinham deixado para trás, com frequência muito doentes. À noite, tendo encontrado lápis e caderno, começou a escrever furiosamente sobre suas experiências em Auschwitz.

Traumatizado, criou o personagem Hans para ser o narrador de sua própria história. Diferente de alguns outros casos, o horror de sua experiência ainda era tão vívido que ele não conseguiu encontrar palavras para descrever aquilo em primeira pessoa.

Esta é a história de Eddy.

A que distância ficam aquelas montanhas azuis? Quão ampla é a planície que se estende na luz brilhante do sol de primavera? Um dia de marcha, para pés livres. Uma hora a cavalo, em trote rápido. Para nós é mais longe, muito mais longe, infinitamente longe. Aquelas montanhas não são deste mundo, não do nosso mundo. Pois entre nós e as montanhas há os fios.

Nosso anseio, a batida selvagem dos nossos corações, o sangue que corre para a cabeça, de nada adianta. Afinal, entre nós e a planície há os fios. Duas carreiras de fios, sobre os quais brilham suaves lâmpadas vermelhas, como sinal de que a morte nos espreita, a todos nós que estamos presos aqui neste quadrado de duas carreiras de fios de alta tensão e um muro alto, branco.

Sempre a mesma imagem, sempre a mesma sensação. Ficamos nas janelas de nossos blocos ansiando pela sedutora distância e nosso peito ofega de tensão e impotência. Entre nós dois há 10 metros. Eu me debruço para fora da janela quando anseio pela liberdade distante. Friedel não pode nem mesmo fazer isso, é prisioneira de um grau mais elevado. Eu ainda posso me movimentar livremente pelo campo. Nem isso Friedel pode fazer.

Moro no Bloco 9, um bloco de doentes comuns. Friedel mora no Bloco 10. Lá também há pessoas doentes, mas não como no meu bloco. Comigo estão pessoas que ficaram doentes pela crueldade, pela fome e pelo trabalho excessivo. Essas ainda são causas que levam a doenças diagnosticadas como naturais.

O Bloco 10 é um bloco de experimentos. Lá vivem mulheres que foram violadas, por sádicos que se autodenominam professores, de uma forma como uma mulher jamais havia sido violada, no que ela possui de mais bonito: seu ser-mulher, seu poder-ser-mãe.

Uma menina que tem que se entregar à paixão selvagem de um bruto descontrolado também sofre, mas o ato, ao qual ela sucumbe inerte, brota da própria vida, da pulsão de vida. No Bloco 10, não é a pulsão, o desejo em erupção – é um delírio político, um interesse financeiro.

Sabemos de tudo isso quando olhamos para essa planície do sul da Polônia, quando queremos correr atravessando os prados e pântanos que nos separam dos Beskides azuis no nosso horizonte. No entanto sabemos ainda mais. Sabemos que, para nós, também há um único fim, uma única libertação deste inferno de arame farpado: a morte.

Sabemos que a morte também pode nos chegar aqui de diversas formas.

Pode vir como uma guerreira leal, contra a qual um médico pode lutar. Embora essa morte tenha aliados torpes – a fome, o frio e os parasitas –, continua sendo uma morte natural, a ser classificada entre causas oficiais de morte.

Mas, para nós, ela não virá assim. Virá da maneira que veio para os milhões que nos precederam aqui. Virá para nós sorrateira e invisível, quase sem cheiro.

Sabemos que é apenas uma carapuça que encobre a morte aos nossos olhos. Sabemos que essa morte é uniformizada, porque na torneira de gás há um homem com um uniforme: SS.

Por isso ansiamos tanto quando olhamos para as montanhas azuis, que estão a apenas 35 quilômetros de distância, mas, para nós, perpetuamente inacessíveis.

Por isso me debruço tanto pela janela em direção ao Bloco 10, onde ela está.

Por isso as mãos dela agarram tão fundo na tela de arame que fecha as janelas.

Por isso ela encosta a cabeça contra a madeira, porque o desejo por mim deve permanecer insaciado, assim como nosso anseio pelas altas montanhas azuis.

A grama nova, os brotos marrons dos castanheiros irrompendo e o sol de primavera brilhando cada dia mais magnífico pareciam prometer uma nova vida. Mas sobre a terra jazia a frieza da morte. Era a primavera de 1943.

Os alemães estavam nas profundezas da Rússia, porém as chances na guerra ainda não haviam tido um revés.

Os aliados do Ocidente ainda não haviam pisado no continente.

O terror que grassava pela Europa tomava formas cada vez mais violentas.

Os judeus eram os brinquedos dos opressores. Jogavam com eles um jogo de gato e rato. Noite após noite eles roncavam seus motores pelas ruas de Amsterdã, percutiam suas patas-de-botas--de-couro e rosnavam ordens pelos canais antes tão tranquilos.

Depois, em Westerbork, o rato muitas vezes era de novo solto por um instante. As pessoas podiam se movimentar livremente pelo campo, chegavam encomendas e as famílias permaneciam intactas. Então todos escreviam suas bem-comportadas cartas para Amsterdã dizendo "estou bem", de maneira que outros novamente se rendiam sem resistência à *Grüne Polizei*.[1]

Em Westerbork, os judeus tinham a ilusão de que talvez tudo não fosse tão ruim, que tinham sido retirados da sociedade, mas em algum momento retornariam de seu isolamento.

"Quando a guerra acabar / E a gente de novo para casa voltar", assim começava uma canção muito popular. Não só não viam seu futuro destino, havia até mesmo aqueles que tinham coragem – ou era cegueira? – de começar ali uma nova vida, começar uma nova família. Todos os dias, o dr. Molhuijsen vinha ao campo em nome do prefeito da cidadezinha de Westerbork, e numa linda manhã – em um dos nove lindos dias de abril – Hans e Friedel compareceram diante dele.

---

1. *Ordnungspolizei* ou *Grüne Polizei* (polícia verde) era a polícia uniformizada da Alemanha nazista. (N.T.)

Eles eram dois idealistas, ele tinha 27 anos e era um dos médicos mais conhecidos do campo. Ela tinha apenas 18. Conheceram-se na seção que ele chefiava e onde ela era enfermeira.

"Pois sós não somos nada / mas juntos somos um", ele havia escrito num poema para ela e esta era a expressão correta para os sentimentos de ambos. Superariam isso juntos. Talvez conseguissem ficar em Westerbork até o fim da guerra, do contrário lutariam juntos na Polônia. Pois algum dia a guerra haveria de terminar, ninguém acreditava numa vitória alemã.

Assim passaram meio ano juntos. Viviam na "sala do médico", uma caixa de papelão, separada do grande barracão com 130 mulheres. Não moravam sozinhos, havia mais um médico alojado na sala e mais tarde tiveram que dividi-la com mais dois casais. Certamente um ambiente pouco adequado para construir uma vida de recém-casados. Mas isso não teria tido a menor importância se não houvesse os transportes: mil pessoas toda terça-feira de manhã.

Homens, mulheres, velhos e jovens, inclusive bebês e mesmo os doentes. Apenas um número muito pequeno, que Hans e os outros médicos conseguiram provar que estavam doentes demais para passar três dias no trem, podia ficar para trás. Fora isso, os privilegiados: batizados, os que tinham contraído um casamento inter-religioso, antigos residentes, que já estavam no campo desde 1938, e aqueles que pertenciam aos quadros permanentes, como Hans e Friedel.

Havia uma lista de funcionários com mil nomes, mas continuavam a vir das cidades pessoas que tinham que ser protegidas, às vezes por ordens dos alemães, às vezes porque de fato tinham sido cidadãos notáveis, mas em geral porque eram velhos conhecidos dos senhores do Conselho Judaico ou de antigos residentes, que tinham nas mãos as posições-chave. Então a lista de mil era revisada.

Na noite de segunda-feira, 13 de setembro de 1943, um funcionário do Conselho Judaico foi dizer a Hans e Friedel que eles tinham que se preparar para o transporte. Hans vestiu-se rápido e apressou-se a ir a todas as instâncias que trabalhavam sob alta tensão na noite antes do transporte semanal. Dr. Spanier, o chefe do hospital, ficou sinceramente aborrecido. Hans já estava no campo fazia um ano. Tinha trabalhado duro e havia muitos que chegaram depois e nunca tinham feito nada. Mas Hans agora estava na lista da equipe do Conselho Judaico, e se eles não pudessem mantê-lo, o serviço de saúde também não poderia fazer nada.

Às 8 horas, eles estavam com todos os seus pertences junto ao trem, que passava no meio do campo. Havia uma multidão enorme. Os agentes do *Ordedienst* e da *Fliegende Kolonne*[2] levavam as bagagens para o trem e dois vagões eram carregados com mantimentos para o trajeto. Os enfermeiros do hospital chegavam arrastando os pacientes, a maioria idosos que não conseguiam mais andar. Porém eles não podiam ficar, pois na semana seguinte também não conseguiriam caminhar, como agora. Aqueles que ficavam para trás, que permaneciam do outro lado do cordão, a algumas dezenas de metros do trem, com frequência choravam mais

---

2. Para proteger as pessoas da deportação, as lideranças do campo criavam todo tipo de emprego para os prisioneiros, por exemplo, no *Ordedienst* (serviço de manutenção da ordem) e na *Fliegende Kolonne* (coluna voadora), grupo responsável pela entrega de deportados na estação ferroviária do vilarejo vizinho de Hooghalen, usada antes que a estrada de ferro até Westerbork estivesse pronta. (N.T.)

do que os que partiam. À frente e atrás do trem, ia um veículo com soldados da SS para a vigilância, mas eles eram bastante razoáveis, até encorajavam a comunidade, pois os holandeses não podiam saber como os "seus" judeus realmente eram tratados.

Às 10h30, acontecia a partida. As portas dos vagões de carga eram trancadas por fora. Um último adeus, um último aceno pelos alçapões no alto dos vagões e eles estavam no transporte para a Polônia, para um destino desconhecido.

Hans e Friedel tiveram sorte. Ficaram num vagão só com jovens. Eram antigos amigos de Friedel do grupo sionista ao qual ela pertencera. Eram gentis e camaradas. Estavam em 38 num vagão. Era um número relativamente pequeno e se ajeitando um pouco, com as bagagens penduradas no teto, todos conseguiam encontrar um lugar no chão.

Os confrontos começaram durante o trajeto. Na primeira parada, os soldados da SS entraram nos vagões. Exigiram os cigarros e depois os relógios. Em seguida, foi a vez das canetas-tinteiro e joias. Os jovens deram risada, entregaram alguns cigarros avulsos e afirmaram não ter mais nada. Muitos deles eram originalmente alemães, já haviam lidado muitas vezes com a SS. Tinham saído vivos antes. Não seria agora que ficariam nervosos.

Eles não receberam comida durante os três dias. Nunca mais viram os estoques colocados no trem. Mas não tinha importância! Tinham trazido o suficiente consigo de Westerbork. De vez em quando, alguns podiam sair do vagão para esvaziar o barril cheio que servia como banheiro. Alegravam-se quando viam vestígios de bombardeamento nas cidades, mas, fora isso, a viagem transcorreu sem incidentes. No terceiro dia, o destino foi conhecido: Auschwitz. Era apenas uma palavra sem conteúdo, nem bom nem mau.

Chegaram à área de Auschwitz durante a noite.

O trem permaneceu parado por muito tempo, tanto que eles ficaram impacientes e queriam que finalmente houvesse clareza, que, por fim, pudessem ver o que era Auschwitz. A clareza veio.

Quando amanheceu, o trem se colocou em movimento pela última vez com a finalidade de parar novamente, depois de alguns minutos, num dique no meio da planície. Ao longo do dique, havia grupos de dez a doze homens. Estavam vestidos em roupas listradas de azul e branco, com gorros também listrados. Muitos soldados da SS iam e vinham numa atividade incompreensível.

Assim que o trem parou, os homúnculos fantasiados correram para os vagões e abriram as portas.

"Joguem as bagagens para fora, todos para a frente do vagão."

Eles se assustaram muito, pois compreenderam que agora tinham perdido tudo. Ainda enfiaram depressa coisas entre as roupas, para salvar o mais necessário. Mas os soldados já tinham subido nos vagões e começado a retirar bagagens e pessoas. Então eles ficaram ali fora, hesitantes. No entanto, a hesitação não durou muito. Vieram soldados da SS de todos os cantos para cima deles e os empurraram para a estrada que corria paralela ao trilho do trem. Chutavam ou batiam com bastões em quem não andasse rápido o bastante, para que todos chegassem no menor tempo possível às longas filas que se formavam.

Só então Hans teve certeza: eles dois seriam afastados; homens e mulheres ficariam separados. Ele beijou Friedel apressadamente: "Até mais ver", e foi tudo. Em frente às filas, havia um oficial com um cassetete e pouco a pouco todos marchavam. O oficial passava os olhos em cada um e apontava com seu cassetete: "para a esquerda, para a direita". Para a esquerda iam todos os velhos, os inválidos e os meninos até mais ou menos 18 anos. Para a direita, os jovens e fortes.

Hans passou pelo oficial, mas não prestou atenção. Só tinha olhos para Friedel, que estava numa fila a alguns metros de distância e esperava a vez das mulheres. Ela sorria para ele, como se quisesse dizer: fique tranquilo, vai ficar tudo bem.

Assim ele não ouviu quando o oficial – um médico – lhe perguntou quantos anos ele tinha. O médico se irritou por não ter obtido uma resposta e bateu em Hans com seu cassetete, o golpe foi tão forte que ele imediatamente foi lançado para a esquerda.

Ficou ali entre os desafortunados: os velhos. De um lado, havia um cego e, do outro, um menino de aparência imbecil. Hans mordia os lábios de medo. Não queria ter o mesmo destino de crianças e velhos, porque entendera que apenas os fortes tinham uma chance de permanecer vivos. Mas não era possível voltar para a outra fila, já que por toda parte havia soldados da SS de guarda, com armas a postos.

Friedel ficou com as mulheres jovens. Mulheres mais velhas e todas as com crianças foram para uma fila específica. Foram formadas quatro filas, aproximadamente 150 mulheres jovens e a mesma quantidade de homens jovens; os outros 700 ficaram em suas próprias filas, ao lado da estrada.

E lá veio novamente o oficial doutor e chamou os mais velhos, perguntando se havia ali algum médico. Quatro homens se prontificaram. O doutor se voltou para Van de Kous, um experiente clínico geral de Amsterdã:

"Que tipo de doenças havia no campo na Holanda?"

Van de Kous hesitou e disse algo sobre doenças oculares. O doutor se irritou e deu-lhe as costas.

Então Hans percebeu sua chance:

"O senhor provavelmente quer saber sobre doenças contagiosas; houve casos esporádicos de escarlatina, de caráter inofensivo."

"Tinha tifo?"

"Não, nenhum caso."

"Bom, todos de volta para a fila" – e, voltando-se para seu ajudante, disse: "Vamos levar este conosco".

O ajudante fez um sinal para Hans e o levou para o final da fila dos jovens. Hans sentia que havia escapado de um grande perigo. De fato, nesse ínterim, tinham chegado caminhões e os homens e as mulheres mais velhos foram embarcados.

Então ele viu pela primeira vez como as coisas realmente aconteciam com a SS. As pessoas eram empurradas, chutadas e espancadas. Para muitos, era difícil entrar nos caminhões altos. Mas os cassetetes dos soldados da *Sturm*[1] certificavam-se de que todos fizessem o melhor que podiam.

Uma senhora idosa recebeu um golpe na cabeça, sangrava muito. Alguns ficaram para trás, a eles era impossível subir nos caminhões, e quem pulava para ajudá-los era enxotado com chutes ou palavras ásperas.

O último caminhão chegou e dois soldados da SS pegaram um velho infeliz pelos braços e pernas e o atiraram para dentro. Depois disso, a fila das mulheres começou a se movimentar. Ele já não conseguia ver Friedel, mas sabia que ela estava na fila. Quando as mulheres estavam a algumas centenas de metros de distância, os homens também começaram a andar.

As filas eram fortemente vigiadas. Guardas andavam dos dois lados, com armas a postos. A cada dez prisioneiros, mais ou menos, havia um guarda. Hans estava bem atrás na fila. Viu como os guardas à sua esquerda e à sua direita davam sinais um ao outro. Olharam rapidamente ao redor e o guarda da esquerda aproximou-se de Hans pedindo seu relógio. Era um relógio bonito, com cronômetro. Tinha ganhado de sua mãe quando se formou em medicina.

"Preciso dele para o meu trabalho, eu sou médico."

O guarda deu uma risadinha de escárnio.

"Médico de merda, você é um cachorro! Passe o relógio!"

O soldado agarrou seu braço para arrancar o relógio. Hans tentou se defender.

1. *Sturmabteilung* (SA), a milícia paramilitar nazista que deu origem à SS. (N.T.)

"Ah, tentativa de fuga", disse o soldado, apontando sua arma.

Hans compreendeu o quanto era impotente. Não queria ser "morto em fuga" já no primeiro dia em Auschwitz. Por isso entregou o relógio.

Quando cruzaram o trilho do trem, viu Friedel na curva. Ela acenou e ele suspirou aliviado. Depois do trilho, eles passaram por uma cancela com sentinelas. Agora pareciam ter mesmo chegado ao terreno do campo. Havia depósitos de materiais de construção. Galpões com enormes pilhas de madeira e tijolos. Circulavam trenzinhos, movidos manualmente. Vagões puxados por homens. Aqui e ali havia construções maiores ao longo da estrada, fábricas onde soava o zumbido de motores. E então novamente madeira, tijolos e galpões. Um guindaste que levantava masseiras de cimento. Por toda parte havia vida e se construía. Porém mais que guindastes e trenzinhos, se viam homens com uniformes de prisioneiros. Ali não havia motorização, ali havia o trabalho de milhares, dezenas de milhares de mãos.

Vapor é prático; eletricidade é eficiente, aplicável a centenas de quilômetros; gasolina é veloz e possante. Mas pessoas são baratas. Isso era expresso pelos olhos famintos, pelos torsos nus, em que as costelas se sobressaíam como cordas que mantinham o corpo mais ou menos unido. Isso se via nas longas filas de carregadores de tijolos, arrastando-se sobre seus tamancos de madeira ou muitas vezes descalços. Andavam adiante sem olhar para os lados, sem nenhuma expressão no rosto. Nenhuma reação aos recém-chegados. De vez em quando, passava um trator com uma carreta cheia de tijolos atrás. O motor arfava devagar: motores a óleo. Hans se lembrou das noites no mar, quando se deitava em seu barco e os navios de carga passavam arquejando.

Como era a vida naquela época, quanto não prometia! Ele se controlava. Sentia que não devia ficar remoendo pensamentos agora, devia lutar. Talvez então as coisas um dia voltassem a ser como eram.

Pararam diante do portão e viram o campo pela primeira vez. Havia grandes construções de alvenaria, como casernas. Cerca de 25. Tinham dois andares com telhado inclinado e janelinhas no sótão. As ruas entre os edifícios eram bem conservadas. Havia calçadas com ladrilhos limpos e pequenos gramados. Tudo era asseado, bem pintado e reluzia sob o sol de outono.

Poderia ser uma cidade modelo; um campo com mil operários e um trabalho grandioso e útil. Sobre o portão, em ferro fundido, o lema do campo de concentração. Sugestivo, mas perigoso: "ARBEIT MACHT FREI".[2] Uma observação que deveria servir para acalmar os inúmeros que entraram ali. Ali e por muitos portões como este, noutros lugares na Alemanha.

Mas era apenas uma ilusão, pois esse portão não era outra coisa que o portão do inferno e, em vez de "Arbeit macht frei", deveria estar escrito: "Deixai, ó vós que entrais, toda a esperança!".[3]

Pois ao redor do campo passavam fios de alta tensão. Duas fileiras de postes de cimento, impecavelmente caiados, com 3 metros de altura. Sobre os isolantes elétricos havia arame farpado. O fio parecia forte, difícil de transpor. Mas o que não se via era ainda pior: 3 mil volts de alta tensão! Só aqui e ali brilhava uma pequena lâmpada vermelha, como sinal de que a corrente estava funcionando. E a cada 10 metros havia uma placa com uma caveira e inscrições em alemão e polonês: *Halt*, *Stoj*.[4] Nenhuma barreira

2. "O trabalho liberta." (N.T.)
3. Referência à frase encontrada no portão do inferno na *Divina comédia*, de Dante Alighieri. (N.T.)
4. Pare. (N.T.)

é suficiente para não ser mantida sob vigilância armada em toda parte. Por isso a cada 100 metros foram construídas torres onde ficavam soldados da SS com metralhadoras.

Não, dali não havia saída, a não ser que acontecesse um milagre. Foi o que também disseram as pessoas que eles encontraram no campo, pois agora que estavam cercados pelos fios, a vigilância era bem menos rígida e os soldados da SS em geral tinham repassado sua tarefa aos prisioneiros. Prisioneiros, é verdade, mas pareciam muito diferentes dos milhares trabalhando lá fora. Eles tinham roupas limpas de linho listrado que lhes serviam bem. Com frequência eram quase elegantes, com seus gorros pretos e botas de cano alto. No braço esquerdo tinham uma fita vermelha com um número.

Estes eram os supervisores: os chefes das diferentes casas, detentos que cuidavam de tudo em seus blocos, administravam as pessoas com a ajuda de um escrivão e repartiam a comida. E eles mesmos não eram os que comiam menos, o que transparecia em suas caras de lua cheia. Eram todos poloneses e alemães imperiais.[5]

Também havia uns poucos holandeses. Eles eram mantidos a distância pelos supervisores e pelos homens da SS, pois os novatos ainda tinham todo tipo de objetos de valor consigo. No entanto, alguns conseguiram avançar. Pediam relógios e cigarros, afinal logo se perderia tudo. Mas a maioria ainda não acreditava nisso e mantinha tudo nos bolsos. Hans deu um maço de cigarros a um holandês, mas um soldado da SS percebeu. Ele levou uma bofetada. O holandês já tinha saído correndo, percebera a tempo

---

5. Alemães imperiais (*Reichsdeutsche*) eram os cidadãos alemães residentes na Alemanha, termo que os diferenciava dos alemães étnicos (*Volksdeutsche*), pessoas de origem alemã nascidas fora do *Reich*. (N.T.)

o que viria. E lá veio um homem, pequeno, mas de constituição hercúlea. Via-se que as pessoas tinham respeito por ele.

"Então, rapazes, quando vocês saíram de Westerbork?"

"Três dias atrás."

"Quais são as novidades?"

"Já estão sabendo do desembarque na Itália?"

"Claro, nós lemos os jornais. Como vão as coisas na Holanda?"

O que responder a isso? Eles preferiam escutar como eram as coisas em Auschwitz, qual seria o seu futuro.

"Quem é o senhor?", indagou um dos novatos.

"Leen Sanders, o boxeador. Já estou aqui há um ano."

Os novos ficaram aliviados por um momento. Então era possível viver ali.

"Ainda há muitos do seu transporte por aqui?", perguntou Hans, que já começava a ficar cético.

"Aqui é melhor não fazer tantas perguntas, você vai ver", respondeu o boxeador. "Ouça, veja e fique calado."

"Mas o senhor está muito bem."

Leen, sábio, sorriu:

"Para isso sou boxeador."

"O que vamos ter que fazer aqui?"

"Vocês serão incorporados aos comandos que trabalham fora."

Hans viu novamente aquelas pessoas diante de si, as máquinas de trabalho que andavam em filas do lado de fora, com tijolos e cimento, rostos sem expressão, olhos mortos e corpos magros.

"O que acontece com os velhos que são levados nos caminhões?"

"Você nunca escutou a rádio inglesa?", questionou Leen.

"Claro que sim."

"Então já deveria saber."

Então Hans entendeu tudo. Pensou em Friedel, tinha perdido a fila dela de vista. Pensou em sua mãe, em seu irmão, em todos que tinha visto partir para Auschwitz. Pensou em seu curso, no seu consultório, em seus ideais. Pensou de novo em Friedel e em seus planos para o futuro. É assim que pensa alguém que acredita que vai morrer.

E no entanto, aí estava toda a dúvida, talvez ele tivesse sorte, talvez. Ele era médico – ah, não, não ousava ter esperanças, contudo devia ter. Não podia acreditar que iria morrer ali, mas também já não podia mais acreditar na vida.

Um grito áspero fez com que voltasse a si:
"Levante-se!"

Caminhavam pela *Lagerstraat*, uma rua do campo, por entre os grandes blocos. Muita gente andava ali. Em alguns dos blocos, havia uma placa de vidro colocada sobre a porta:

Hospital de Detentos
Departamento Interno
Entrada proibida

Homens vestidos de branco estavam ali na entrada. Tinham boa aparência. Uma listra vermelha nas costas do paletó, bem como nas costuras da calça. Com certeza eram os médicos. Eles mal olhavam para os recém-chegados, mas Hans percebeu que sua falta de interesse tinha um motivo, diferente do daqueles milhares de homens lá de fora. Para os trabalhadores escravos, era o cansaço, o profundo abatimento, que impedia qualquer esforço mental. Para esses homens de boa aparência, era uma espécie de arrogância. Afinal eram os eminentes do campo. E o que eram eles, os novatos? Todos podiam insultá-los e dar risada deles.

Logo chegaram ao Bloco 26. Levava o título: Sala de Pertences. Leen havia contado o que isso significava: aqui eram guardados todos os "pertences" dos detentos, as roupas e outras coisas de valor. No alto, em frente às janelas, viam-se longas fileiras de sacos de papel, em cada saco ficavam os pertences de uma pessoa. Se alguém fosse libertado do campo, recebia tudo de volta.

As roupas deles não seriam guardadas. Judeus nunca eram libertados. Não tinham julgamento. Não recebiam uma pena e, portanto, também não podiam ser libertados.

De fato, eles tinham que se despir entre os Blocos 26 e 27. Todas as roupas, com tudo o que havia nos bolsos, eram carregadas numa carreta. Só podiam ficar com os cintos de couro e os lenços. Hans ainda tentou conservar alguns de seus melhores instrumentos, mas eles logo viram. Um homem magro com uma faixa no braço esquerdo – o barbeiro do campo – controlava todos. Quem tinha guardado alguma coisa, era obrigado a entregar e ainda levava uma sova. Hans perguntou se podia ficar com seus instrumentos. O homem deu uma risadinha sarcástica e enfiou tudo no bolso.

Lá estavam eles. Agora tinham perdido tudo. O processo foi lento, mas havia terminado. Foi Schmidt,[6] representante em assuntos judaicos de Rauter,[7] o comissário-geral de Segurança Pública, que certa vez disse: "Os judeus deveriam voltar para o país de onde vieram tão nus como quando chegaram aqui".

---

6. Fritz Schmidt, alto funcionário nazista, foi comissário-geral de assuntos políticos e propaganda na Holanda ocupada. (N.T.)
7. Hanns Albin Rauter, austríaco que foi o principal representante da SS na Holanda durante a Segunda Guerra Mundial. (N.T.)

Schmidt só não disse quando os judeus chegaram: nos séculos XVI e XVII, e que não vieram nus, mas frequentemente traziam consigo grandes tesouros dos países de onde haviam sido expulsos. Ele também não mencionou os direitos históricos dos judeus holandeses, na época concedidos a eles por decreto de Willem van Oranje.[8]

Mas como ele poderia falar sobre a obra de um herói holandês da liberdade? Não se podia esperar isso desses heróis da opressão, que não morreriam com uma oração pela pátria nos lábios, mas tentariam salvar suas vidas com uma fuga miserável.

Hans se consolava com esse pensamento. Sua situação certamente não era boa, mas ainda assim: se o seu destino era sombrio, o destino deles era certo. Eles com certeza seriam derrotados e então restaria apenas uma de suas vitórias: a vitória sobre os judeus. Aos poucos, os judeus holandeses enfrentavam a sua destruição:

1940: demissão dos judeus de todas as repartições públicas.

1941: proibição de exercer profissões liberais, proibição de uso do transporte público, proibição de manter uma loja, proibição de frequentar teatros e parques, de praticar esportes e tudo o mais que torna a vida bela; limitação de bens a no máximo 10 mil florins e, mais tarde, no máximo 250 florins.

1942: início da deportação, a proibição da própria vida.

Isso aconteceu aos poucos, porque os holandeses não teriam suportado que os "seus" judeus fossem erradicados num período em que, de resto, o terror ainda não tinha vindo à tona na Holanda.

---

8. Guilherme I de Orange-Nassau, considerado o "pai da nação" holandesa. (N.T.)

Então ficaram nus em pelo no sol, que queimou seus corpos durante horas. Nesse meio-tempo, foram executados todos os rituais necessários para transformá-los em detentos.

Atrás de um banco comprido, havia seis barbeiros que raspavam a cabeça e todos os pelos do corpo. Não perguntavam se os cavalheiros desejavam talco ou um tônico capilar. Eram rudes, irritados por terem tanto trabalho numa tarde quente. Com suas giletes cegas, eles mais arrancavam do que raspavam os pelos e quem não virava e torcia o corpo, de forma que eles pudessem alcançar todas as partes com facilidade, era forçado e, às vezes, espancado. Quem terminava no barbeiro recebia um papelzinho com um número e ia com ele até o tatuador. Hans recebeu o número 150822.

Ele apenas riu com desdém quando o número foi marcado a agulhadas. Agora ele já não era o dr. Van Dam, era o detento 150822. Que lhe importava se algum dia voltasse a ser dr. Van Dam? Se.

E então surgiu de novo aquele pensamento, que rolava pra lá e pra cá em sua cabeça como uma bola enorme. Um pensamento que soava como o som de um gramofone ensandecido, sobre o qual ele não tinha mais nenhum controle. Um soco nas costas o fez despertar.

Eles entraram em mais ou menos 50 homens na Sala de Pertences, o lavatório ficava lá. Havia muitos chuveiros um ao lado do outro. Iam de 3 em 3 em cada chuveiro. Saía um pouco de água morna, muito fria para desgrudar o suor de verão e a poeira, e muito quente para refrescar. Então veio um homem com imensas luvas de borracha que, com uma borrifada, espalhava um desinfetante fedido em suas axilas e partes íntimas.

Depois de serem pulverizados com *flit*, estavam "purificados", como diziam em alemão, o que significa uma coisa diferente do que nós chamaríamos de "limpo" em holandês. Eles ainda estavam meio molhados e grudavam com o suor e o desinfetante. A pele raspada picava e ardia com os arranhões, mas pelo menos estavam livres de piolhos e pulgas.

Não era tão fácil encontrar rapidamente alguma coisa que servisse nas grandes pilhas de roupa. O corredor no vestiário, como era chamado o Bloco 27, era escuro quando se vinha da luz brilhante do sol e ninguém sabia o que devia pegar. Eram empurrados e acotovelados, tratados aos berros, e se não fossem rápidos o bastante, espancados até que encontrassem uma roupa. Uma camisa, uma calça de linho e um paletó, um gorro e um par de tamancos de madeira ou sandálias. Não era possível procurar pelo tamanho certo, e assim ficavam parecendo palhaços em seus uniformes de prisioneiros.

Um tinha metade das pernas de fora, o outro tropeçava na calça. Um tinha paletó de mangas curtas, enquanto o outro tinha que arregaçar as mangas. Mas uma coisa todas as roupas tinham em comum. Eram todas igualmente encardidas e remendadas. Retalhos costurados de tecido listrado azul e branco.

E assim ficaram todos de novo em frente ao bloco. Já era fim de tarde, mas o calor de final de verão ainda pesava sobre o campo. Eles tinham fome e sede, mas ninguém tinha coragem de pedir nada.

Esperaram mais uma hora na *Birkenallee*, a rua que passava atrás dos blocos. Ficaram sentados na beira da calçada e nos bancos que havia ao longo do gramado, ou simplesmente se esticavam na rua, dominados pelo cansaço e ainda mais pela desgraça que sentiam que recairia sobre eles.

Na rua, foram preparadas mesas nas quais eles foram registrados. Todos os dados imagináveis, pessoais e de outro tipo, foram anotados: profissão e outras qualificações, e principalmente doenças: tuberculose, doenças venéreas, e de novo as conhecidas perguntas sobre nacionalidade e o número de avós judeus.

Hans estava conversando com Eli Polak, um colega. Eli estava arrasado. Tinha visto sua esposa quando os caminhões chegaram junto ao trem. Ela havia desmaiado e eles a jogaram no caminhão, depois seu filho.

"Nunca mais vou vê-la."

Hans não se sentia em condições de consolá-lo. Não podia dissimular.

"Não se sabe", ele replicou, mas como pouca convicção.

"Você ouviu sobre o que acontece em Birkenau?"

"O que é Birkenau?", perguntou Hans.

"Birkenau é um campo enorme", respondeu Eli. "É uma parte de todo o complexo de Auschwitz. Todos os velhos e as crianças são levados para um grande pavilhão na chegada e são avisados de que irão tomar banho. Na verdade, eles vão para uma câmara de gás. Depois os corpos são queimados."

"Mas isso não deve acontecer a todos", Hans se forçou para reconfortá-lo.

Então veio a sopa. Três barris. Cada um receberia 1 litro. Eles fizeram uma longa fila. Alguns fortões ajudavam os da frente na distribuição. Eles comiam em tigelas de metal amassadas, com o esmalte descascando. Não havia tigelas suficientes, por isso punham 2 litros em uma tigela e era preciso dividir com alguém. Também havia colheres. Mais ou menos 20. Quem não tinha colher, tinha que beber da tigela. Não era difícil. A sopa era rala. Aqui e ali boiava algo sólido. Discutia-se se eram folhas de faia ou de olmo. Mas nada disso era importante. A maioria ainda estava bem alimentada, então não fazia diferença pôr 1 litro de água quente ou 1 litro de comida no estômago.

De repente, eles foram apressados:

"Rápido, chamada imediata!"

Tomaram a sopa quente o mais depressa possível e foram levados a um grande barracão de madeira, construído entre dois blocos. Era uma lavanderia. Em uma parte, as roupas eram lavadas em caldeiras, na outra metade havia chuveiros. Hans contou 144. Do lado havia bancos onde podiam se despir. Sentaram-se nos bancos e esperaram.

Ficaram sabendo que, após a chamada, que àquela hora seria feita do lado de fora, seguiriam para Buna. O sujeito da administração que lhes contou foi bombardeado com perguntas: "O que é isso, Buna?", "É bom lá?", "Vamos receber esse tipo de sopa lá também?". Ele disse que era bom. Teriam que trabalhar em uma fábrica de borracha sintética. A comida era boa, porque estariam trabalhando para uma indústria. O sujeito sorriu reticente.

Hans descobriu um belga.

"Você está aqui faz tempo?"

"Um ano."

"Dá para aguentar isso aqui?"

"Talvez, se você tiver sorte e ficar num bom comando."

"O que é um bom comando?"

"Bem, a lavanderia, por exemplo, ou o hospital. Os comandos que permanecem no campo durante o dia são quase todos bons. Os serviços com alimentos também. Mas, como judeu, você não tem nenhuma chance."

"Eu sou médico, será que eu conseguiria ir para o hospital?"

"Você não se apresentou como médico?"

"Sim, mas eles me enxotaram. Para onde vão as mulheres?"

"As mulheres deste transporte vieram aqui para o campo. Aqui tem um bloco feminino onde eles fazem todo tipo de experiências." O coração de Hans parou. Friedel aqui neste campo. Experiências! O que significaria isso?

Contou ao belga sobre Friedel e perguntou se ele poderia levar uma mensagem a ela, pois ele seria mandado para Buna. O belga disse que isso era muito difícil, porque era perigoso demais se aproximar do bloco feminino. Naquele instante, entrou um soldado da SS. Todos se levantaram, como já tinham aprendido a fazer. E ele lançou a grande pergunta:

"Tem algum médico aqui?"

Três se apresentaram: Hans, Eli Polak e um jovem que eles não conheciam. O soldado perguntou quanto tempo eles tinham de prática. O jovem revelou-se um médico-residente. Eli tinha trabalhado oito anos como clínico geral. O soldado da SS mandou Eli de volta.

"Você vai com os outros para Buna." E levou consigo Hans e o jovem.

Eles atravessaram o campo, passando pelos blocos, e chegaram ao Bloco 28. Tiveram que esperar no corredor. Era um corredor comprido de cimento, com paredes rebocadas de branco. Havia portas dos dois lados. Nas portas, as placas informavam: Ambulatório, Escritório, Sala de Operações, Otorrinolaringologista, Sala de Raios X, e várias outras. No meio do corredor, havia uma escada de cimento para o primeiro andar.

Depois de alguns minutos, veio um homem vestido de branco. Ele os levou para o fundo do corredor. Sala de Admissão, estava escrito na porta de vidro fosco. Era uma sala grande, quase um pavilhão, e ocupada por leitos só até a metade. Na outra metade, existiam alguns bancos, uma balança e uma mesa grande, cheia de livros e papéis. Naquele lugar eram registrados todos os indivíduos internados no hospital, seja como doentes ou funcionários.

Foram recebidos por um polonês baixinho e gordo que se zangou com eles: por que pareciam tão sujos? Tiveram que se despir completamente e o polonês lhes indicou uma cama. As camas eram em beliches de três andares. Hans se deitou nu sob duas cobertas finas no leito de cima. Tentava se enrolar um pouco nas cobertas, porque a palha do colchão provocava coceira. Assim que se deitou, um homem subiu em sua cama. Ele tinha uns 30 anos, rosto redondo e óculos engraçados no nariz.

"Como você se chama?", perguntou o homem. "É médico?"

"Sim, me chamo Van Dam, e você?"

"Eu me chamo De Hond, estou aqui há três semanas. Semana passada fui ao *Lagerarzt*,[1] que me admitiu, e agora estou na lista de reserva de enfermeiros."

"Onde você estudou?", quis saber Hans.

"Em Utrecht, eu trabalhava numa clínica pediátrica."

"Que tipo de trabalho você faz agora?"

"Ah, de tudo. Eles chamam a gente o dia inteiro para todo tipo de afazeres, você vai ver. É um trabalho sujo, com cadáveres e coisas assim. Você não tem roupas?"

Não, Hans não tinha. Tinham que ser arrumadas no dia seguinte. De Hond iria ajudá-lo.

"Você sabe alguma coisa sobre o bloco feminino que existe aqui?"

"Ah, sim", respondeu De Hond. Estava claramente nervoso. "É o Bloco 10, minha mulher está lá. Ela também é médica. Foi para o Bloco 10 há três semanas."

Hans ficou contente em saber que havia uma médica holandesa naquele bloco. Ele contou sobre Friedel e que ela também tinha ido para o Bloco 10.

---

1. Médico do campo de concentração. O mais notório *Lagerarzt* de Auschwitz foi Josef Mengele. (N.T.)

"Ah", disse De Hond, "temos que ver o que é possível fazer por ela."

"O que você quer dizer?"

"Bem, Samuel, o professor que trabalha lá, prometeu que não pegaria minha mulher, porque ela é médica. Talvez entre uma coisa e outra, ele também possa poupar a mulher de um médico."

"O que é que eles fazem com as mulheres?"

"Isso você tem que perguntar para o próprio Samuel, ele vem aqui todos os dias."

"Posso ver minha esposa?"

"É muito difícil. Se você for apanhado, vai para o *bunker*, a prisão, e aí fique feliz se sair de lá com 25."

"Como assim, 25?"

"É a punição usual, 25 pauladas no traseiro."

Hans sorriu. Não tinha medo de algo assim, não deixaria que o pegassem. De qualquer modo, ele faria de tudo para ver Friedel. De Hond prometeu que o levaria junto na noite seguinte. Eram 9 horas e as luzes se apagaram.

Mas não ficou escuro na sala. O Bloco 28 era o último bloco de sua fileira e a Sala de Admissão ficava ao lado dos fios de alta tensão. As lâmpadas ao longo dos fios estavam acesas. A cada dois postes de cimento, havia uma lâmpada forte. Tudo o que ficava próximo aos fios permanecia iluminado.

Era uma visão impressionante, a longa fileira de lâmpadas brilhantes e, entre elas, as pequenas lâmpadas vermelhas de controle. A luz entrava na Sala de Admissão e iluminava os doentes que esperavam para serem apresentados ao *Lagerarzt* no dia seguinte. Hans não queria mais ver a luz, ela o amedrontava. Fechou os olhos, mas toda hora tinha que olhar, como se quisesse se forçar a absorver a dolorosa realidade. Ficou nervoso e se revirava de um lado para o outro, mas a luz o perseguia. Puxou as cobertas sobre si, porém a luz continuava sempre ali. Penetrava tudo. Não podia mais escapar: estava num campo de concentração. E não importava se virasse a cabeça ou se enfiasse embaixo das cobertas, a consciência disso permanecia. Não importava o que tentasse pensar, aquele pensamento dominava tudo, como a luz das lâmpadas nos fios que o perseguiam, não importa para onde olhasse.

Hans chorou. Não era um choro descontrolado, como antigamente, quando era criança e não faziam as suas vontades. Era um choro silencioso, que vinha como que naturalmente. Não havia nenhuma tempestade nele agora. Estava simplesmente repleto de tristeza e as lágrimas brotavam por si só. Mas, por sorte, ele estava cansado, exausto. Nem sequer enxugou as lágrimas, não sentia mais que chorava e, aos poucos, a chama da consciência se extinguiu.

No campo de concentração, uma pessoa podia viver várias horas felizes por dia. Então as lâmpadas estão apagadas, a energia desligada e os fios cortados. Então a alma pode se libertar do corpo cansado e dolorido. No reino que os detentos adentram à noite, não há SS, nem supervisor de bloco, nem *Kapo*.[2] Há apenas um soberano: o grande anseio, e há apenas uma lei: a liberdade.

A vida é um círculo e consiste de dois períodos: do gongo matinal ao gongo noturno e do gongo noturno ao gongo matinal, e quando soa o gongo matinal, os sentidos se tornam vívidos e a alma é acorrentada: o paraíso chega ao fim.

---

2. Prisioneiros que tinham como tarefa monitorar outros prisioneiros do campo. (N.T.)

Apenas meia hora depois do gongo, chegaram os primeiros pacientes. Hans podia assistir a toda a movimentação de sua cama.

Os homens se despiam do lado de fora, faziam uma trouxa com suas roupas de maneira que o número no paletó ficasse visível, e então entravam no bloco nus. No lavatório, todos eram banhados e tinham seu número escrito no peito, para que o *Lagerarzt* pudesse ver rapidamente com quem estava lidando.

Do lavatório de volta para a Sala de Admissão; ali eles eram registrados e depois tinham que esperar. Eram aproximadamente 60. Às 7 horas, estavam todos lavados e registrados, mas o *Lagerarzt* só chegou por volta das 10. No entanto, ninguém se entediava. A maioria dos homens estava contente por poder ficar um dia longe do trabalho. Muitos estavam doentes demais para se entediar. Podiam se sentar nos poucos bancos. No mais, ninguém se preocupava com eles. Vários tinham febre ou dor, mas ninguém podia ajudá-los. Primeiro tinham que passar pelo *Lagerarzt*, antes disso ninguém podia lhes dar nada.

Hans e Van Lier, o residente, deviam se levantar às 9h30. Eles também teriam que se apresentar ao *Lagerarzt*. Era estranho aparecer assim diante de seu futuro chefe, mas, por outro lado, talvez fosse melhor ser apresentado nu do que em um uniforme tão encardido. E então soou pelo corredor:

"Reportar pacientes com complicações médicas!"

Primeiro vinham os alemães imperiais. Também eram prisioneiros, mas nesse campo, onde havia principalmente poloneses e judeus, eles tinham uma posição especial. Depois dos alemães, vinham os poloneses e outros "arianos". Por último, era a vez dos judeus.

Iam pelo corredor, andando depressa um atrás do outro. Então chegaram ao ambulatório, que parecia bom. No centro, havia uma barra de metal a meio metro de altura e os pacientes tinham que ficar atrás dela. Os enfermeiros estavam do outro lado e, na parte posterior, havia mesas grandes, onde ficava o material para os curativos.

Atrás de uma parede de vidro ficava o escritório onde escrivães tinham os arquivos de todos que um dia passaram pelo ambulatório.

Agora não havia nem pacientes nem enfermeiros, havia apenas o *Lagerarzt* com um outro soldado da SS, um *Unterscharführer*,[1] e dois detentos poloneses. Eram funcionários prisioneiros, o chefe dos detentos médicos e o médico de admissão. Os poloneses já tinham

---

1. Líder de Esquadrão Júnior, patente paramilitar do Partido Nazista. (N.T.)

examinado na noite anterior todos os que teriam que passar pelo médico da SS e agora precisavam apresentá-los ao *Lagerarzt*.

Aquela apresentação não significava muito, não havia nenhuma explicação, nenhuma discussão, nenhum exame. Rápido, rápido, o *Obersturmführer*[2] não tinha tempo, nunca tinha tempo. Um diagnóstico, lido de uma ficha, uma olhada rápida no paciente e a resposta estava pronta: internação ou *Blockschonung*. Neste último caso, o doente não precisava trabalhar por um certo número de dias e podia permanecer em seu bloco. Isso era para aqueles que não precisavam ficar internados no hospital, mas que não podiam trabalhar, por feridas nos dedos ou úlceras nas pernas, por exemplo.

Mas, para os doentes judeus, muitas vezes era preciso internação, pois o estado geral era péssimo para eles. Eram as pessoas que trabalhavam nos comandos mais pesados, não recebiam encomendas de familiares e, durante a distribuição de comida nos blocos, eram os mais roubados pelos supervisores.

Internação, internação, *Blockschonung*, internação. Em alguns minutos, a fila toda tinha sido atendida, e lá estavam os dois holandeses, eram os últimos.

"Médicos que chegaram ontem com o transporte", comunicou o médico polonês.

O *Lagerarzt* fez um sinal positivo com a cabeça.

"Incorporar!"

Isso foi tudo. Voltaram correndo para a Sala de Admissão e tinham que ir de novo para a cama. Hans estava contente, essa era a sua chance. No hospital, a vida seria bem diferente em relação ao lado de fora, nos canteiros de obras. Os pacientes que haviam sido internados foram levados por enfermeiros aos diferentes blocos, de Cirurgia, de Doenças Internas e de Doenças Contagiosas.

---

2. Líder de Ataque Sênior, patente paramilitar do Partido Nazista. (N.T.)

Os outros foram para fora, a fim de se vestir. Quem teve a indicação para *Blockschonung* recebeu uma carta para levar ao escrivão de seu bloco.

De Hond veio para buscar os dois holandeses. Foram para fora. As roupas das pessoas que foram internadas no hospital ainda estavam lá. Alguns enfermeiros já abriam todas as trouxas e tiravam dos bolsos tudo que era de valor. As roupas consideradas boas e inteiras eram postas de lado. O resto foi para uma carreta. Dessa carreta eles puderam escolher algo para usar.

Então puderam se vestir de maneira um tanto decente. Tinham até sapatos de couro, se bem que estragados, mas ainda assim melhores para caminhar do que os tamancos. Agora que estavam vestidos também podiam trabalhar. Foram chamados imediatamente. Tinham que levar a carreta com as roupas para desinfetar.

O *Kapo* da desinfecção estava na porta. Ele era o soberano absoluto de 12 homens que trabalhavam em seu barracão de madeira. Quando os dois novatos chegaram, ele fez uma reverência sarcástica.

"Dois nobres cavalheiros, de onde vêm os senhores?"

Van Lier queria ser educado:

"Somos da Holanda, meu senhor."

O *Kapo* deu risada:

"Então logo vão morrer miseravelmente. Aqui, todos os holandeses morrem em poucas semanas. Vocês têm constituição muito frágil, não conseguem trabalhar."

Hans endireitou os ombros, como se quisesse dizer: vamos ver. A grande caldeira a vapor tinha acabado de ser aberta e a carreta com roupas desinfetadas rolou para fora:

"Avante, descarregar."

Eles descarregaram. Estava quente, terrivelmente quente, as roupas ainda estavam fervendo. O vapor exalava por toda parte. Eles queimavam as mãos e sufocavam no ar quente. Em um piscar de olhos, estavam pingando de suor.

Mas o *Kapo* os apressava e, se quisessem pegar um pouco de ar, levavam um empurrão e ouviam um urro:

"Mais rápido, idiotas!"

Quando todas as roupas tinham sido tiradas da caldeira e Hans, atordoado, tentava recuperar o fôlego na frente do barracão, alguém deu um tapinha cordial em seu ombro. Era um judeu polonês, um dos rapazes que trabalhava na desinfecção.

"Nosso *Kapo* é um ótimo sujeito, não é?"

Hans olhou para ele sem compreender.

"Bom, ele estava fazendo uma brincadeira com vocês, mas você não sabe o que realmente significa estar no campo."

"Faz tempo que você está aqui?"

O polonês apontou para o número em seu peito: 62 mil e qualquer coisa.

"Estou aqui há um ano e meio, passei pelos tempos difíceis. Agora é como um sanatório. Quase não nos espancam mais, e se você não virar um *Muselmann*,[3] não corre absolutamente nenhum perigo."

"O que você quer dizer com *Muselmann*?"

"Ah, você ainda é um novato. Já ouviu falar daquela gente que faz peregrinação a Meca, magros de doer, totalmente consumidos, pele e osso, esses tipos à *la* Gandhi? Esses são os *Muselmänner*."

Hans entendeu.

---

3. Sinônimo de muçulmano em alemão, era a gíria usada para identificar os prisioneiros que se tornavam apáticos pelas dificuldades no campo de concentração. (N.T.)

"O que os alemães fazem com eles?"

"Como não podem mais trabalhar, vão para o crematório. Antigamente era diferente. Eu trabalhei em Birkenau. Quando os comandos saíam e o *Kapo* anunciava, por exemplo: '270 homens no comando de operários de rua', daí o soldado da SS dizia no portão: 'Tem 40 a mais'. O soldado da SS que liderava o comando e o *Kapo* então se certificavam de que 40 seriam mortos. Quando nos retirávamos à noite, sentíamos o cheiro da carne assada dos camaradas que sobraram de manhã. Nem se perguntavam se eram *Muselmänner*. Milhares morreram assim, e quem tinha a sorte de, por acaso, escapar disso, acabava morrendo de outra forma. Imagine andar 8 quilômetros de manhã para ir e 8 à noite para voltar. O dia inteiro dragando cascalho na água, às vezes até o tornozelo, às vezes até a cintura. Perto do inverno, muitas vezes voltávamos com as roupas como uma tábua, duras de tão congeladas. E batiam! Não pense que a gente podia se apoiar um minuto na pá, imediatamente vinha um soldado da SS que sabia o que fazer com você. Olha só."

Ele mostrou sua perna: uma grande cicatriz, e sua mão esquerda: faltavam dois dedos.

"Esmagados com um golpe, meu camarada estava fumando um cigarro durante o trabalho, pedi um trago. Bem quando ele ia me passar o cigarro, chegou o guarda. Ele me deu uma coronhada. Eu me protegi e minha mão ficou entre a coronha e uma mureta. A segunda coronhada foi para o meu amigo. À noite, nós o carregamos desacordado para o campo. Talvez ele pudesse ser salvo, mas a chamada foi longa naquela noite, durou três horas e ele teve que ficar todo o tempo ali, deitado."

"Por que ele não podia ser atendido?"

"Tinha chamada e o número de pessoas precisava bater. Mesmo que você estivesse em agonia, tinha que ser contado."

Jacques, o judeu polonês, ficou calado e olhou para os cotocos na sua mão esquerda. Hans se deu conta do ambiente onde estava e de repente ficou em choque. Na diagonal da desinfecção, ficava um bloco com tela de arame nas janelas e atrás da tela ele viu mulheres. De fato, estava escrito: Bloco 10. Então era ali o bloco feminino.

Jacques percebeu sua aflição.

"O que você está olhando?"

Hans hesitou:

"Acho que minha mulher está ali."

Jacques ficou surpreso:

"Sua mulher chegou ontem? Então você está certo, cara, você é um sortudo."

"Será que posso vê-la?"

"À noite. É arriscado, mas o que vale a pena sempre custa mais."

Apareceu o enfermeiro que tinha ido com eles levar as roupas.

"De volta para o bloco."

O dia passou sem nada de importante para fazer. Sempre havia uma palhinha saindo de uma das camas. Sempre havia uma vidraça com uma mancha. Então era pegar maços de papéis velhos e limpar. Era entediante, mas Hans não reclamava. Pensava nas máquinas de trabalho lá fora e que cada dia que passava ali, ileso, era um dia mais próximo do desfecho.

Também era assim que pensava Kalker, um médico de Haia. Hans o encontrara uma vez com parentes de quem ele era médico de família. Agora ele trabalhava no Bloco 21, o bloco cirúrgico. Fora investigar quem eram os novos holandeses que haviam chegado.

"É, rapazes", ele disse a Hans e Van Lier, "é uma ducha fria estar aqui. Não era o que esperávamos."

"Há quanto tempo o senhor está aqui?"

"Há três semanas. Fiquei por duas semanas na Sala de Admissão, depois fui destacado para o Bloco 21."

"O senhor ajuda em cirurgias?"

Kalker caiu na risada.

"Sim, depois de estudos anatômico-topográficos sobre a construção de uma privada, fui para o trabalho de limpeza. Você não faz ideia do quanto isso é complexo e interessante. Você passa pano no chão quatro vezes por dia, e dia sim, dia não, esfrega o vaso sanitário com areia. Meus banheiros são um deleite para os olhos. Tenho dois: um para os pacientes, com 12 privadas em duas fileiras, e outro com uma fileira de 6 privadas para os funcionários. No banheiro pequeno, há um cubículo fechado para os eminentes, os supervisores de bloco e *Lagerälteste*,[4] e, segundo consta, às vezes também o *Lagerarzt*. Mas essa honra eu ainda não tive. Ele, aliás, fica só meia hora por dia no campo, e nesse tempo ele deve conseguir se segurar. Seria loucura se ele tivesse que se sentar numa privada onde também se sentam detentos."

Hans sentiu prazer em ouvir o tom entusiasmado com que Kalker falava:

"Vocês estão recebendo comida suficiente?"

"Agora, até que sim. A sopa geralmente é a base, então pego 1 litro e meio. E uma vez que você está destacado oficialmente, recebe pão extra duas vezes por semana."

"Quanta comida exatamente você recebe aqui?", perguntou Van Lier.

---

4. Funcionários prisioneiros que atuavam como lideranças no campo. (N.T.)

"Recebo 1 litro de sopa por dia e uma porção de pão, e mais 40 gramas de margarina duas vezes por semana, duas vezes uma colher de geleia e duas vezes um pedaço de salsicha de 40 gramas. Mas não espere muito. A margarina tem só 15% de gordura, o resto é produto sintético para dar liga, e a salsicha tem carne de cavalo misturada."

"Qual é o valor nutritivo, quantas calorias dá isso tudo?"

"Eu calculei mais ou menos", disse Kalker. "A sopa não tem muito valor nutritivo, tem de 150 a 200 calorias por litro. Com tudo junto, chega-se a 1.500 calorias por dia. O que, naturalmente, não é o bastante. Em descanso, o corpo precisa de 1.600 calorias. Então dá para entender por que alguém que precisa trabalhar duro aqui logo se torna um *Muselmann*."

"Mas olhando os enfermeiros, eles parecem muito bem", objetou Hans.

"Com certeza, mas, primeiro, em geral são poloneses, que recebem encomendas, e, segundo, frequentemente são os maiores escamoteadores, ou melhor dizendo, ladrões. Não é uma coisa que dê para entender tão rapidamente, é preciso ter visto por algumas semanas. Os enfermeiros distribuem a sopa. Os doentes recebem a parte rala, que fica por cima. O pouco de batata e feijão que há na sopa fica para os enfermeiros."

Naquele momento, entrou um homem alto. Era um homem mais velho, certamente com mais de 60 anos. Andava encurvado e usava um *pince-nez* antiquado.

De Hond levantou-se rapidamente:

"Boa tarde, professor."

Hans entendeu que era o professor Samuel. Ele se apresentou e esperou para ver como a conversa continuaria. As perguntas convencionais: quando tinha chegado, notícias políticas, e assim por diante. Hans contou sobre o transporte e a chegada a Auschwitz. Enfatizou ao falar de Friedel.

O professor se manifestou:

"De fato, conversei com várias das novas mulheres holandesas. Não me lembro do nome Van Dam. O senhor pode tentar conversar com sua mulher pela janela um dia, mas tenha cuidado. Darei suas saudações a ela."

Hans queria pedir ao professor que levasse um bilhete, mas se conteve. Esperava coisas mais importantes do professor.

"O senhor vai com frequência ao bloco feminino?"

"Todos os dias, trabalho lá."

Hans se fez de bobo.

"O senhor é o médico que trata as mulheres?"

"Não inteiramente, tenho determinadas tarefas a cumprir. As mulheres ali são, de certa forma, material de estudo."

"Isso não é desagradável para as mulheres?"

O professor ficou na defensiva.

"Há, sim, certos experimentos muito desagradáveis, talvez até nocivos para as mulheres, mas meu trabalho é bem diferente. Consegui fazer com que a SS se interessasse por uma pesquisa sobre o desenvolvimento do câncer uterino. Posso dispor de muitas mulheres para isso e, assim, elas não são usadas para outros experimentos desagradáveis."

Hans balançou a cabeça em sinal de compreensão. Estava um pouco cético quanto às boas intenções do professor, mas não queria demonstrar. Ainda precisava dele.

"Julgue por si mesmo", prosseguiu Samuel. "Das minhas mulheres, eu pego um pouquinho da mucosa do útero. Essa amostra é examinada no microscópio. Em um certo número de mulheres, encontramos um tipo de anomalia do tecido. Vemos células que se diferenciam muito da norma em sua estrutura. Acredito que é a partir dessas células que o câncer se desenvolve mais tarde. Assim espero encontrar a causa do crescimento do tumor."

A julgar pelo que o professor contava, os experimentos não pareciam ser tão nocivos para as mulheres. Hans só não entendia que grande utilidade tinha tudo isso. Pesquisadores japoneses tinham esfregado produtos de alcatrão na pele de ratinhos de laboratório. Puderam acompanhar rigorosamente a alteração que ocorreu depois no tecido. O resultado da experiência foi uma formação artificial de câncer. Portanto, o alcatrão contém substâncias cancerígenas, substâncias que provocam o câncer. Aliás, a experiência já havia mostrado algo análogo aos médicos: o câncer de boca em pessoas que fumam muito cachimbo. Antigamente acreditava-se que era por causa da sucção, mas agora haviam compreendido que a causa são os resíduos de alcatrão que se formam na haste do cachimbo.

Na verdade, para Hans parecia ilícito, em qualquer circunstância, o uso de pessoas para vivissecção contra a própria vontade, independentemente da utilidade do exame, mas ele não podia julgar, pois ainda não conhecia suficientemente os fatos e estava mais interessado em outra coisa.

"As holandesas recém-chegadas também serão submetidas aos experimentos?"

"Sem dúvida", respondeu Samuel. "Mas posso ajudar a sua esposa. Vou colocá-la na minha lista, assim ela não cairá nas mãos de outros e irei mantê-la a salvo pelo maior tempo possível."

Hans agradeceu ao professor. Estava um pouco aliviado. Naturalmente, ele não sabia o quanto valia essa promessa, mas já tinha conseguido alguma coisa. Por ora, Friedel seria poupada.

Nesse meio-tempo, anoiteceu, as luzes nos fios foram acesas. Lá estava o comandante do pavilhão, um enfermeiro gordo. Ele chamou os dois novatos:

"Comando de cadáveres."

De Hond deu uma risadinha irônica:

"É um belo trabalho, arregacem as mangas para a imundície."

Eles foram para fora. Havia um caminhão grande, baixo, com a carreta recoberta de zinco. Os carregadores trouxeram para cima os corpos que estavam no porão. Dois em uma maca. Podiam facilmente carregar dois, pois vivos já eram esqueletos, pele e osso, pessoas esgotadas, quebradas de tanto trabalhar.

Pegavam os cadáveres um por um pelos braços e pernas e jogavam no caminhão. Quando soltavam o cadáver, ele deslizava sozinho até o fundo da carreta, pois o zinco estava escorregadio em razão do fluido que pingava dos corpos. Hans e Van Lier tinham então que saltar para o lado a fim de evitar que suas roupas encostassem nos cadáveres. Quando um corpo já tinha deslizado para o fundo, eles o pegavam e arrumavam na pilha. Então logo saltavam de novo para o lado, pois o cadáver seguinte já vinha deslizando. Os carregadores faziam o possível para jogar os cadáveres contra as roupas de Hans e Van Lier, então eles precisavam dançar pra lá e pra cá no caminhão.

Um serviço lúgubre. Já estava quase escuro e eles eram iluminados pelas lâmpadas nos fios de alta tensão. Os cadáveres não paravam de deslizar pela caçamba do caminhão, com os homens dançando por cima. Suas mãos ficaram tão escorregadias e sujas que eles quase não conseguiam mais segurar os corpos, e estes começaram a encostar em suas roupas.

Hans se sentia incrivelmente sujo quando voltou à Sala de Admissão. Lavara as mãos com água fria. Ele não tinha sabão e ninguém queria lhe emprestar um. Lavar as roupas, nem pensar.

Havia belos bordões pintados no lavatório: "A limpeza é o caminho para a saúde", "Mantenha-se limpo", entre outros. Era assim com os alemães, a palavra devia substituir a realidade; quando um bordão era repetido com frequência e colado nas paredes em toda parte, com o tempo todo mundo passava a acreditar nele. "Vamos atacar a Inglaterra", "V = Vitória", "Os judeus são a nossa desgraça".

Os tibetanos têm cata-ventos de papel com orações, os cata-ventos giram com o vento e assim a oração é constantemente repetida. Quem esteve no lavatório e se enxaguou com água fria, teve que ler três vezes "Mantenha-se limpo" e então estava tudo em ordem. Hans preferiria estar entre os tibetanos. Em termos de civilização, os alemães estavam à frente deles apenas no que dizia respeito a suas técnicas de extermínio.

De Hond já circulava pela Sala de Admissão procurando por ele. "Vamos, Van Dam, já está quase escuro. Vamos ao Bloco 10."

Chegaram à *Birkenallee*. Havia muitas pessoas que vagavam sem rumo pra lá e pra cá. Alguns homens estavam perto do Bloco 10. De Hond foi até lá e apresentou Hans a eles:

"Colega Adriaans."

Adriaans perguntou muito sobre Westerbork e a respeito de seus sogros, mas Hans mal tinha ouvidos. Ele só olhava para as janelas com as telas de arame, a 10 metros de distância dali, onde, de vez em quando, se podia ver um rosto de mulher.

Adriaans continuou falando. Ele já estava ali havia alguns meses, tinha tido muita sorte. Ima estava neste bloco, ela trabalhava como enfermeira e ele estava no Instituto de Higiene. Para ser mais preciso: Instituto de Higiene para exames bacteriológicos e serológicos da divisão sudeste da Waffen-SS. Lá eram feitos todos os exames de laboratório para os campos de concentração e os campos da SS de toda a região. Era um trabalho bastante normal, embora eles fossem acossados pelos técnicos de laboratório da SS. Então, sem se virar, ele disse:

"Olá, Ima, olá, filho, como foi o dia hoje?"

Apareceu uma moça na última janela da *Birkenallee*. Usava um lenço vermelho na cabeça e um avental branco. Ela respondeu, no entanto, mal se podia ouvir. Então foi demais para Hans. Ele gritou para Ima, perguntando se ela podia procurar Friedel. Mas os rapazes lhe deram um soco e deixaram claro que ele tinha que ficar quieto. O canto extremo do campo ficava a no máximo 50 metros de distância; ali – do outro lado do primeiro fio – ficava um soldado em sua guarita. Uma palavra gritada para uma mulher, um tiro e o idílio terminaria para sempre.

Esperar nunca fora o forte de Hans. Mas agora era como se ele esperasse havia muitos anos e não podia mais suportar a tensão. A atmosfera estava carregada, era hora do crepúsculo e, atrás das janelas, figuras femininas desenhavam-se como silhuetas num antigo teatro de sombras. Era uma noite amena de fim de verão e o mistério pairava no ar. Como num conto das mil e uma noites, os rapazes estavam ali, ao lado desse grande harém, cheios de desejo por aquelas a quem pertenciam.

E lá estava a voz dela, como um canto entoado de um minarete distante, numa silenciosa noite oriental. Como um sonho cheio de nostalgia e desejo. Suave como os sussurros de amantes num lugar escondido e nostálgica como a canção do sacerdote que, com o corpo curvado no chão, canta para o profeta.

"Hans, meu querido. Graças a Deus você também está aqui."

"Friedel, agora que estamos juntos, é tudo muito diferente."

Ele procurava a silhueta dela, mas, com a crescente escuridão, as mulheres tiveram mais coragem. Acotovelavam-se diante da janela e pareciam todas iguais com seus lenços vermelhos na cabeça. Hans mencionou isso a ela.

"Vou tirar meu lenço, então você logo poderá ver como estou bonita agora."

Ali, na segunda janela, ali estava ela, sua amada. Ele sorriu. Claro que ela estava bonita. Ele sempre a acharia bonita, quer tivesse cabelo ou estivesse careca, e se pudesse possuí-la novamente, Friedel seria a mesma para ele, por mais que a tivessem machucado.

"Como são as coisas no bloco de vocês?"

Os rapazes tinham se colocado diante de Hans de forma que o guarda não pudesse vê-lo e agora ele podia falar um pouco mais livremente.

"Ah, não é tão mau. Não precisamos trabalhar e é bem asseado."

"Friedel, eu conversei com o professor. Você não precisa ter medo, ele disse que, como esposa de um médico, vai poupar você."

"Que bom, porque parecem ser coisas ruins as que são realizadas aqui."

Hans viu como a mulher ao lado de Friedel lhe dava cotoveladas. Evidentemente não se podia falar daquilo.

"Friedel, querida, eu estou no hospital, também posso me manter bem por lá..."

Isso foi tudo. Soou um apito e os rapazes deram um empurrão em Hans. Subiram a *Birkenallee* e não olharam mais para o bloco feminino.

Um jovem veio até eles.

"Eu apitei porque Clausen[1] está no campo." Clausen era o *Rapportführer*. Ele vinha ao campo em horários irregulares para emitir relatórios noturnos ao *Lagerführer* sobre o que acontecia. Era um alemão bem alto, loiro, como que saído de uma foto. De manhã, ele era malvado, e à noite, muito perigoso, porque em geral estava bêbado.

O instinto de crueldade, que em todo homem civilizado é sistematicamente reprimido desde a primeira infância pelo ambiente e a educação, foi desatado no povo alemão. A moral nacional-socialista, mais o álcool necessário, transformava a pessoa num

---

[1]. Wilhelm Edmund Clausen, SS-*Oberscharführer* (líder de esquadrão superior) e *Rapportführer* (relator-líder) no campo de concentração de Auschwitz. (N.T.)

demônio. Na verdade, isso é uma ofensa ao demônio, pois ele é um vingador justo. Só tortura quando a punição é merecida, ou quando, como com Fausto,[2] tem direito de fazê-lo por um contrato de compra e venda. Mas o nazista se lança sobre incontáveis vítimas sem qualquer justificativa.

Também foi assim com Clausen, o *Rapportführer*, naquela noite. Os rapazes o observavam de uma distância segura. Cada um que se aproximava dele levava o seu quinhão, um chute ou um golpe, e quem não desaparecesse logo era derrubado no chão e travava conhecimento com as terríveis botas de couro de Clausen.

Mas lá estava Willy, o *Lagerälteste*, um veterano e representante dos detentos. Foi rindo até Clausen, com o gorro na mão. O temido hesitou por um instante, mas quando viu o sujeito franco que lhe acenava tão amistosamente ficou tranquilo. Deu um tapinha cordial no ombro do *Lagerälteste* e o levou consigo. Ainda tomariam um trago juntos.

O campo respirava novamente: Willy havia salvado a situação. Willy era um sujeito ótimo. Ele sentia que era sua obrigação ficar do lado dos detentos e ousava se arriscar para isso. Era alemão, mas, por ser comunista, já estava havia oito anos no campo de concentração.

No entanto, Dering era diferente. Dering era o "veterano" do hospital. Os "veteranos" tinham sido escolhidos pela SS entre os prisioneiros. Hans o conheceu na manhã seguinte.

"Que tipo de médico você é?"

---

2. Protagonista de uma lenda popular alemã, Fausto faz um pacto com o demônio. O personagem é usado como base em diversos textos literários, sendo os mais famosos os de Goethe e de Thomas Mann. (N.T.)

Hans explicou com uma única palavra. Sentia repugnância em relação a esse homem, tão casualmente sentado em sua cadeira, dirigindo-se a um colega como se este fosse um fedelho.

"É o bastante, espere no corredor."

Vários detentos esperavam no corredor. A maioria eram jovens poloneses que deveriam se apresentar como enfermeiros ao veterano do hospital. Entre eles, havia três judeus: Hans, o residente Van Lier e um homem mais velho, que se apresentou: dr. Benjamin, pediatra de Berlim. Viera no mesmo transporte que Hans, mas logo depois da desinfecção foi chamado para o hospital pelo professor Samuel. Ele conhecia o professor dos tempos de universidade.

Assim que o último dos jovens poloneses já tinha passado pelo veterano, veio um escrivão com uma lista: ele separou os médicos judeus e levou os poloneses consigo. Depois de alguns minutos, ele voltou.

"Primeiro vocês têm que passar pela quarentena. Depois podem ser designados para o hospital."

Quando Hans fora ao *Lagerarzt* no dia anterior, achou que já estava designado para o hospital, mas De Hond havia alertado:

"Você passou pelo alemão, mas não pelo polonês."

Infelizmente, De Hond tinha razão.

Tinham sido admitidos pelo *Lagerarzt*, mas o polonês que era chefe do hospital mandou-os para a quarentena. Voltariam algum dia para o hospital ou teria sido apenas uma desculpa do veterano?

Hans tinha medo disso. Por que os jovens poloneses não precisavam passar pela quarentena também? Por que só os três judeus?

Na quarentena, Hans aprendeu o que era a vida no campo de concentração. Eles ficavam num beliche de três andares: Hans, o velho dr. Benjamin e um russo. De manhã, às 4h30, soava o grande gongo que ficava no telhado da cozinha e, em dez segundos, se desencadeava uma algazarra na quarentena. Todos saltavam e desciam das camas; em seguida, os veteranos do dormitório subiam para controlar se, por acaso, alguém continuava deitado. Estes eram então derrubados.

Colocaram-se no final da longa fila que esperava no corredor central, até que chegou a vez deles de ir ao banheiro. Aquela hora de espera foi uma dura prova para Hans. Quando ele acordava, sempre precisava primeiro ir ao banheiro, isso funcionou assim a sua vida inteira. E agora uma hora na fila só com uma camisa e nenhuma chance de escapar dali nem por um minuto. Quem tentasse reclamar para o veterano do dormitório ou para o vigia na porta levava uma sova.

Mas aquela hora também chegou ao fim. Então eles receberam um par de tamancos na porta e podiam ir para o andar de baixo. Ali ficavam o banheiro e o lavatório. No banheiro, o *Scheissmeister*[1] supervisionava para que tudo não ficasse imundo. Ele tinha um cassetete na mão e sabia usá-lo. No lavatório, o *Bademeister*[2] fiscalizava, também com um cassetete. Nas paredes, entre outros bordões, havia o seguinte: "Limpeza é meio caminho andado para a saúde": algumas gotas de água fria, sem sabão e se enxugando com a camisa. Depois de se lavar, havia controle, e ai daquele que não estivesse limpo!

Em seguida, era preciso arrumar as camas. Em toda a Alemanha, há algo de estranho em relação às camas. Em primeiro lugar, elas não existem para dormir, mas para olhar. E, se as cobertas estiverem sujas, o colchão de palha vazio, se um doente ou moribundo esteve deitado naquela cama, não importa, desde que esteja bem-arrumada, sem nenhuma preguinha na coberta, sem nenhuma palhinha aparecendo. E, depois, ficar na fila que passava por trás das camas, na incomensurável fila, entre 200 poloneses e russos, para um gole de café. Quer você quisesse beber ou não, tinha que ficar na fila. Havia poucos recipientes, então se bebia em dupla de uma só tigela e aí era preciso se apressar, pois outros estavam esperando para beber. "Mantenha-se limpo" estava nas paredes, e todos bebiam da mesma tigela. Sorviam seu café e comiam sua sopa com uma madeirinha servindo de colher.

---

1. Mestre da merda, literalmente. Era quem vigiava os banheiros e podia vetar o acesso. (N.T.)
2. Mestre do banho. (N.T.)

Hans se lembrou da história de um pastor que se sentou à mesa com um de seus paroquianos – um camponês – e tomou sopa de cevada dando colheradas da vasilha de onde todos comiam. Quando ele ficou com um grumo na boca, o camponês disse: "Cuspa de volta, pastor, eu acabei de fazer isso". Que tipo de coisa não cuspiriam de volta nos pratos daqui?

Hans levava tudo com bastante bom humor. Com o dr. Benjamin era diferente. O velho senhor estava destruído. Não suportava ser acossado o dia inteiro e, justamente por seu desamparo, levava a maioria das sovas. Quando receberam o café, ele naturalmente não conseguiu beber sua porção rápido o bastante. Custou-lhe uma sova. Depois do café, a ordem "Todos nas camas" custou ao dr. Benjamin um pontapé.

Em seguida, ficaram algumas horas sentados nas camas, enquanto privilegiados esfregavam o chão. Privilégio porque ganhavam uma concha a mais de sopa. Hans se entediava, era uma pessoa muito dinâmica. Mas pensou nas palavras de Leen Sanders: "Cada dia que você fica em quarentena é uma regalia. Recebe-se a mesma quantidade de comida que em um comando de trabalho e não é preciso labutar".

Com certeza economizava forças, mas acabava com os nervos. Esperar por café, esperar por sopa, esperar para levar uma surra e ser tratado rispidamente.

Às vezes, eles saíam durante o dia. Era agradável ficar entre os blocos, mas à tarde o sol de setembro era um forno. Só uma coisa era boa quando iam para fora: Hans estava num dormitório entre russos e poloneses, com quem não podia trocar uma única palavra. Dr. Benjamin e ele eram os únicos judeus e os outros detentos também eram hostis com eles. Mas lá fora eles encontravam pessoas de outras salas de quarentena. Havia tchecos e austríacos, e o melhor: sempre se encontrava alguém disposto a explicar que a guerra duraria no máximo mais três meses.

E então, depois de três dias, a grande festa: um pacote de Friedel, algumas fatias de pão com margarina e geleia. Na quarentena, eles partiam o pão em pedaços. Esses sanduíches eram bem cortados: margarina e geleia no meio, preparados pelas mãos de uma mulher, a sua mulher.

Ela estava tão perto, a no máximo 300 metros, mas as portas tinham vigias, e se o pegassem, isso significaria uma bela surra. Era muito arriscado, e também podia se transformar num relatório para a SS, o que significaria comando de punição. Não podia correr esse risco. Então ele passou uma semana na tensão de não fazer nada, esperar pão e sova, tédio e desejo.

Depois de uma semana, vieram as mudanças...

Fazia calor entre os blocos, muito calor. Uma beirinha de sombra se avizinhava do Bloco 13 e se ampliava vagarosamente, porque o tempo passava muito lentamente naquele interminável e escaldante dia de sol. Naquela beirinha estreita se acotovelava metade do centro e do leste europeu. A outra metade não conseguia mais encontrar um lugar à sombra. Agachavam-se contra a parede iluminada de sol do Bloco 12, ou se esticavam no chão, na poeira, um por cima do outro. Os torsos nus estavam sujos de uma mistura encardida de areia e suor. Ficavam deitados assim, com os gorros sobre os rostos, dormindo.

Hans preferiu a luz do sol em vez do calor exalado pelos homens que estavam amontoados na beirinha de sombra. Ele flanava com Oppenheim, que dava explicações sobre seu tema preferido: o fim da guerra por causa da escassez de petróleo.

Então uma voz gritou:

"Todos com tamancos de madeira, alinhem-se."

Hans hesitou. Era um dos poucos com tamancos. Todos os outros tinham ido diretamente da desinfecção para a quarentena. Estavam todos usando sandálias.

A hesitação foi fatídica, porque o supervisor de bloco que tinha gritado estava bem ali. Ele arrastou Hans consigo, amaldiçoando, pois tinha visto como ele tentara escapar. Quinze homens ficaram ali. A maioria poloneses; jovens robustos e rudes, ainda bem alimentados de casa. Foram em duplas até o Bloco 1. Lá havia carretas. Eles receberam cintas que eram presas com arame na carreta e a puxavam até o portão. O supervisor de bloco que monitorava anunciou:

"Detento 27903, com 15 prisioneiros, para a construção de ruas."

Era isso então: construção de ruas. O soldado da SS anotou o comando em um livro que estava atrás do guichê do escritório do *Blockführer*.[3] E continuou.

Hans sorriu quando pensou no dia da chegada, uma semana atrás. Todos aqueles homens-máquinas que puxavam carretas. Agora ele mesmo puxava uma, era uma das engrenagens de uma máquina de quinze, e se por um momento não puxasse com força suficiente, logo levava um chute do polonês que caminhava atrás dele.

"*Dalli-Dalli*", gritavam os poloneses. "*Davai bistrô*", os russos. "*Los Schweinehunde*", gritava o supervisor de bloco. E quando passava um soldado da SS, ele gritava duas vezes mais forte e batia

---

3. Líder de Blocos, título paramilitar da SS específico do serviço de campo de concentração. (N.T.)

com seu cassetete em quem estivesse mais perto, nas costas ou na cabeça, dava na mesma, pois ele tinha que mostrar que era um supervisor aplicado.

Era assim por toda parte com os nazistas. Os homens da SS gritavam com todo mundo, inclusive com os supervisores, os supervisores gritavam e batiam, inclusive nos poloneses, e estes por sua vez escolhiam os mais fracos para gritar, que eram Hans e um judeu polonês chamado Leib.

Eles não retrucavam. Hans sentia como os poloneses gritavam para descarregar a tensão, como se gritassem com eles mesmos. O *Führer*[4] gritava com seus generais. Eles podiam aguentar aquilo muito bem, já que por sua vez gritavam com seus oficiais. E os oficiais gritavam com os soldados. Como uma bola de bilhar que se aquieta quando bate em outra bola, os soldados se aquietavam quando batiam e gritavam com os prisioneiros.

O supervisor batia nos poloneses e os poloneses batiam em Hans. Assim a bofetada do *Führer* chegou até Hans, que no mais era inofensivo, pois estava impotente.

Também ficou impotente quando chegaram ao monte de cascalho. Eles deviam carregar o cascalho em duas equipes, mas ele estava nas duas, porque quando as equipes se revezavam e ele queria dar sua pá a alguém, ninguém pegava. Lógico: 15 = 7 + 8, 8 trabalhavam e havia 7 para revezar, portanto o oitavo não tinha com quem revezar e o oitavo era sempre Hans. Ele reclamou para Leib, que falou qualquer coisa em polonês para os outros, que deram risada, e ficou por isso mesmo.

---

4. Líder em alemão. Termo associado a Adolf Hitler, que o utilizou para se designar líder da Alemanha nazista. (N.T.)

A carreta ia e voltava muitas vezes, ia para pegar cascalho e voltava para o campo, onde outros da quarentena se ocupavam em pavimentar as ruas. Hans estava encharcado até os ossos. Tinha bolhas nas mãos, da pá, e seus pés ardiam onde a beirada dos tamancos esfolava a pele desprotegida. Depois de ter sido tantas vezes empurrado para a frente pelos poloneses, ele foi ao soldado da SS que vigiava o monte de cascalho. Mas não teve nenhuma chance de reclamar. O soldado da tropa de choque não queria ser incomodado. Furioso, Hans aguentou o tapa na cara e as coisas continuaram como estavam, sob os empurrões do supervisor, sob as afrontas dos poloneses.

Quando entraram no campo após a sexta viagem com a carreta cheia, todos os comandos já tinham se retirado. Os detentos estavam em fileira na frente dos blocos para a chamada. Por toda parte, gritavam que eles tinham que se apressar e eles arrastavam a carreta adiante em marcha acelerada, pois muitos punhos se levantavam ameaçadoramente e cada soldado da SS pelo qual passavam lhes distribuía pancadas.

Chegaram ao bloco da quarentena ofegantes. Deixaram a carreta e correram para o andar de cima. Os outros já estavam havia um bom tempo alinhados no corredor para a chamada. Ouvia-se palavrões de toda parte, todos os que trabalhavam no dormitório os agrediam – como se pudessem ter evitado trabalhar por tanto tempo!

A chamada demorou muito. O soldado da SS já tinha passado por ali fazia tempo e eles ainda estavam esperando. Hans estava com tontura. Seu coração não conseguia se acalmar. Sua garganta fechou-se e seus pés esfolados ardiam tanto que ele tinha lágrimas nos olhos a todo instante. E se ele se agachasse por um momento ou quisesse recostar nos beliches logo atrás dele, imediatamente vinha um "camarada" lhe dar uma cotovelada para dizer que ele tinha que manter a postura.

Depois da chamada, pegar o pão, e de novo esperar na fila, que parecia interminável. Então o pão e o café. No pão, um pouquinho de geleia. Ele lambeu. Tomou o café, mas não conseguiu comer o pão. Mais tarde, depois de se deitar, teria fome. Despiu-se de imediato e foi para a cama. O sono chegou como uma salvação, uma libertação da cinta que o acorrentava àquela carreta. Agora, a pá havia sido retirada de suas mãos, toda a dor se acalmou e o desejo se aplacou, ele mergulhou profundamente no abismo escuro do inconsciente.

De repente um grito, um choque:

"Levantem-se todos!"

O que seria aquilo? Que confusão voltar a pensar ao sair de um abismo tão profundo. Foi sua mãe quem gritou? Era um incêndio? Ele estava doente? Febre? Ele quase não conseguia se mover. Quando ficou claro, ele compreendeu. O russo com quem ele dividia o beliche sacudiu-lhe com força.

"Controle dos pés!"

O quê? Vencido pelos aborrecimentos e pelo cansaço, ele caíra no sono e não se lavara à noite. Agora era plena madrugada e ele estava de pés sujos. Mas dessa vez teve sorte. O soldado da SS bastante bêbado não enxergava muito bem. Passou direto por Hans e ele, depois de meia hora, pôde dormir novamente.

Não estava descansado às 4 da manhã. Sentia dor por toda parte, todos os músculos, toda a pele. Tinha esperança de não precisar trabalhar de novo. Mas era uma esperança vã. Quando estavam alinhados, o zelador do dormitório veio com um papelzinho. Ele tinha os números exatos da equipe de revezamento e Hans precisava ir novamente.

Agora seria um dia inteiro. Onze horas carregando cascalho, puxando cascalho, descarregando cascalho. Às vezes, uma variação, espalhar o cascalho sobre o novo trecho de rua, ou peneirar a velha pavimentação. Depois começar de novo com a carreta.

Hans aguentou bem. Trabalhou continuamente, embora suas costas parecessem se rasgar, embora a pá em suas mãos parecesse de chumbo quente. No entanto aquilo era a única coisa a fazer, pois quando os poloneses viram que ele não desistia, foram aos poucos se tornando mais complacentes e, de vez em quando, um deles até pegava a sua pá no revezamento. Mas os poucos minutos de descanso mal eram uma vantagem, pois, quando ele tinha que recomeçar, estava tão rígido que cada movimento exigia um esforço múltiplo.

No entanto, aquele dia também chegou ao fim, e o seguinte, e o quarto, e os dias passavam sem muitos incidentes. Uma bofetada, um grito áspero, xingamentos. Mas quem estava computando? Além disso, tinha o cansaço e a dor, que cada vez mais aumentavam, mas o que importava? Seus pés esfolados supuravam. O paramédico pôs um pouco de sepso – um substituto de iodo – nos ferimentos, mas no que isso ajudaria? Seus olhos estavam inflamados por causa da areia e do sol, mas o que importava?

Uma manhã, ele relatou que estava doente. O paramédico deu risada:

"Por causa de alguns arranhões?"

E ainda sentia fome! Sempre fome! O que é uma porção de pão e 1 litro de sopa por dia? E que sopa! Água com algumas beterrabas boiando, ou nabo picado. De vez em quando, uma batata e meia em 1 litro de sopa, e para isso ainda era preciso pegar o que estava embaixo, a porção que os zeladores reservavam para si mesmos e para seus camaradas. Às vezes, por sorte ou graças a um amigo, era possível conseguir mais 1 litro, mas na verdade era melhor não comer. Com certeza era melhor não comer muita sopa, porque agora, depois de uma ou duas semanas, todos os mais velhos – o que num campo são os de 40 a 45 anos – estavam com edemas nas pernas. O que aconteceria com seus ferimentos se ele tivesse um edema? Nunca mais sarariam.

No quinto dia – eles acabavam de arrastar a carreta cheia –, o incidente! Mulheres vinham de uma rua lateral no lado esquerdo. A carreta tinha que parar a 50 metros do cruzamento, de modo que os homens não entrassem em contato com elas.

Hans prendeu a respiração quando fixou bem os olhos. Então, perdendo todo o controle, gritou:

"Friedel!"

Ele jogou sua cinta e correu na direção das mulheres. Mas depois de apenas alguns passos alguém o segurou. Era Leib, o judeu polonês, que o fez voltar a si.

"Seu idiota, eles vão espancar você até não conseguir mais parar em pé!"

Hans disse que isso não lhe importava.

"Mas eles vão bater nela também."

Diante desse argumento, ele cedeu. Olhou amedrontado para o supervisor que os vigiava, mas ele não havia percebido nada. Ele próprio tinha ido um pouco adiante para olhar as moças.

No entanto, Friedel o vira e acenava de longe, cuidadosamente, com um pequeno movimento de mão. Para Hans, era como se ela quisesse dizer: "Ainda estou viva, você pensa em mim de vez em quando?". E ele respondeu: "Oh, estou tão cansado, cansado demais para pensar em você". "Mas você tem que pensar em mim, pois só assim você vai suportar." Aquilo era verdade e ele respondeu ao aceno cuidadosamente, como se quisesse dar a ela um sinal de que havia entendido, que ela tinha razão e que ele continuaria lutando com a imagem dela em mente.

Vieram dias piores. O tempo mudou, ficou mais frio. Primeiro foi um reconforto. A pele não ardia tanto, os músculos pareciam mais flexíveis e não se perdia o fôlego tão rápido quanto no calor. Mas então veio a chuva. As roupas não ofereciam nenhuma proteção: um paletó de linho e uma camisa. Ficavam completamente molhados.

Entretanto isso ainda não foi o pior. Depois de dois dias de chuva, não tinha sobrado nada da estrada. Todo o trajeto até o cascalho era um encadeamento de poças e montes de barro enlameado. A água passava dos tornozelos. Os sapatos ficavam presos no chão e as rodas afundavam na lama até o eixo.

Contudo, a carreta tinha que ir adiante. E quando ela encalhava na lama com o carregamento de cascalho, o cassetete do supervisor entrava em cena. E se uma única vez o supervisor não se comportava como uma fera para desencalhar a carreta, daí vinha o soldado da SS para fazer melhor. Ele atravessava a poça de lama com suas botas e dava um chute tão forte no primeiro que estivesse por perto que o barro voava na cara de todo mundo. Então eles pegavam os raios das rodas e puxavam e giravam e o soldado berrava e batia e o supervisor dava risada, como que para mostrar o quanto achava valente o soldado da tropa de choque. E assim a carreta sempre voltava a se movimentar. Pois eles estavam encharcados e cansados, mas depois de uma, duas semanas trabalhando, as forças ainda não estavam esgotadas, e se fosse preciso, eles conseguiam. Todos tinham escoriações e inchaços das pancadas que tinham levado, mas nenhum estava realmente ferido.

No entanto, eles sabiam que podia ser diferente. Ontem mesmo o *Blockführer*, o soldado da SS que monitorava os blocos, espancou tanto um jovem cigano durante a chamada que sua bochecha se rasgou. Ele não estava na postura correta. Depois da chamada tiveram que levá-lo para o hospital.

Quase todos os dias ouvia-se histórias sobre espancamentos e ferimentos. Por isso eles se esforçavam um pouco mais. Ali, na frente do soldado furioso da SS, quando todos corriam igual perigo, surgiu um sentimento de coletividade. Os poloneses encorajavam Hans e ele queria ajudar os poloneses. Já não sentiam a dor das pancadas, apenas um desejo encarniçado: tirar aquela carreta dali! "Vamos lá."

Quinze pares de braços masculinos conseguiram fazer o que dois cavalos certamente não teriam conseguido. Por enquanto eles ainda eram fortes, ainda tinham reservas. O que aconteceria dali a uma semana, dali a um mês, ponderou Hans à noite, deitado em sua cama. Ele se sentia doente, tinha tirado a camisa molhada, porém a febre o fazia tremer debaixo da coberta que ele dividia com mais dois homens. Apesar do calor no pavilhão superior, apesar das muitas pessoas amontoadas, ele tremia. O que seria aquilo?

Os poloneses que já estavam ali fazia várias semanas recebiam com frequência encomendas de casa. Os russos quase sempre recebiam comida, trazida por amigos do campo. Ninguém era tão hábil em "se arranjar" como um russo. Mesmo que houvesse 10 soldados da SS na cozinha, o russo não tinha medo e conseguia sempre escamotear sacos cheios de batatas. E sempre sabia como fazer uma fogueirinha escondida para cozinhá-las. Mas também, em lugar algum a camaradagem era tão grande como entre os russos, porque sempre tinham um amigo na quarentena com quem dividir.

Mas quem cuidaria dele? E dos poucos outros holandeses que estavam na quarentena? Ele já tinha notado que os holandeses no campo não eram tidos em alta consideração. Todos eram vistos como frouxos e preguiçosos, tanto os judeus como os não judeus.

Talvez tivessem razão. O holandês é um tipo tranquilo e objetivo, que não está acostumado a ser excessivamente diligente e atingir seus objetivos com manobras desonestas ou se deixar coagir. E por que seria diligente com esse trabalho de formiga? Ou era um trabalho inútil ou era indústria de guerra, e então ser diligente seria uma loucura. Portanto o holandês tinha mesmo que ser preguiçoso.

Mas por isso quase nenhum holandês no campo tinha uma posição em que algo pudesse ser arranjado. Nenhum trabalhava na cozinha ou no armazém, e os que eventualmente tinham alguma coisa demostravam muito pouco senso de comunidade – com exceção talvez de Leen Sanders. Ele ainda recebeu algumas vezes de Friedel pacotes com pão contrabandeado. Para ele foram novamente uma bênção maior que tudo.

Mas no que poderia ajudar contra aquela fome, aquele trabalho? Por quanto tempo seria possível aguentar aquilo?

Após três semanas: a surpresa. Ainda era muito cedo e Hans estava justamente mastigando pela terceira vez a fatia de pão que tinha guardado no dia anterior quando o escrivão do bloco entrou. Ele chamou alguns números. Entre eles, o de Hans.

Ficaram em quatro no corredor e, quando os comandos saíram, foram para o hospital. Já havia uma tropa inteira no Bloco 21.

Hans conversou com um homem velho e baixinho. Ele parecia gordo, mas olhando melhor, percebia-se o quanto estava inchado.

Toda a "gordura" era só água, e na testa dele havia um grande furúnculo. Chamava-se dr. Cohn, era clínico geral e fazia um mês no comando de construção de ruas. Esta era a terceira vez que ele se apresentava ao *Lagerarzt* e também dessa vez seria inútil.

Van Dam era mais otimista, e estava certo. Algumas perguntas rápidas sobre formação e tal, e ele sentiu que estava tudo em ordem. Mais uma vez no hospital, mais uma vez uma chance. Era o fim da carreta, da construção de ruas, do trabalho desmesurado, dos dias inteiros na chuva. E apesar de suas mãos ásperas – não conseguia mais escrever nem um bilhete –, apesar das feridas em seus pés, apesar de sua coluna, que ele não conseguia nem curvar nem esticar, chegou novamente à Sala de Admissão no Bloco 28 cheio de ânimo e espírito de combate.

É possível imaginar que você também consegue ficar entediado num campo de concentração? Hans se entediava. Não havia trabalho para eles no Bloco 28. Tinham que esperar para serem destacados para diversos blocos de doentes onde precisavam de enfermeiros.

Hans gostaria de descansar, ficar na cama até mais tarde de manhã, sair um pouco à tarde no sol de outono. Mas isso também não era possível. O princípio do campo de concentração é de fato movimento. Mesmo que não houvesse nada para fazer, era preciso *estar* sempre em movimento.

De manhã, levantar com o gongo, tomar banho e se vestir, e quando o gongo do trabalho soava quarenta e cinco minutos mais tarde, começava a labuta. Os zeladores do dormitório esfregavam o chão. Ninguém podia ajudar, senão os zeladores também não teriam trabalho e sabe Deus em qual árduo comando exterior seriam colocados.

O jeito era limpar as vidraças de novo. Começava a limpar às 6 horas, com um pedaço de jornal ou outro papel velho. Ao meio-dia, quando chegava a sopa, tinha limpado duas vidraças. Se fosse rápido demais, sujava-as de novo e começava a limpar outra vez.

Ai de você se o supervisor do bloco ou um soldado da SS aparecesse por perto e você não tivesse limpado bem. Uma áspera advertência, uma surra, no mínimo, mas também era capaz que escutasse que não podiam usar um enfermeiro preguiçoso e que na manhã seguinte ele teria que se apresentar "no relógio". Isso queria dizer que de manhã, no segundo gongo, no alinhamento fora do bloco, era preciso ficar embaixo do gongo para ser destacado para um ou outro comando. Por isso todos limpavam muito bem suas vidraças.

Apesar de tudo, Hans estava muito contente. Esse trabalho era entediante e ficar o dia inteiro em pé também era cansativo, mas não consumia suas forças. A sopa no hospital era com frequência de qualidade um pouco melhor que a da quarentena, e geralmente colocavam meio litro a mais, porque os enfermeiros poloneses, que recebiam pacotes enormes de seus familiares, não comiam a sopa do campo.

A chamada geral no campo era infinitamente longa. Os homens às vezes ficavam duas horas ou mais na chuva. O hospital tinha sua própria contagem, que sempre terminava em alguns minutos. Então, após a chamada, você podia ir dormir, caminhar ou fazer alguma outra coisa, o que quisesse. Não havia controle dos pés ou outras impertinências desse tipo. Supunha-se que os enfermeiros se mantinham suficientemente limpos por conta própria.

Dava para viver. E o que era mais importante para ele: tinha de novo contato com Friedel. As noites se tornaram mais curtas;

quando escurecia, quase sempre havia alguém que queria ir com ele para ficar vigiando.

Então Hans falava com ela por alguns minutos à noite, pela janela.

"Friedel, não preciso mais que você me mande comida. Recebo um pouco de sopa extra todos os dias."

"E essa sopa é suficiente?"

"Hoje ganhei uma porção de pão. Lavei as roupas de baixo para um polonês gordo."

Friedel passava a mão por seus poucos centímetros de cabelo, nervosa. Eles ficaram quietos. Ouviram gritos no quarto atrás de Friedel. Um pouco depois, ela disse:

"A supervisora notou, mas não percebeu que era eu quem estava falando."

"Como vão as coisas com você?"

"Ah, querido, nós não trabalhamos. E recebemos um suplemento de comida igual ao dos que pegam no pesado. Então, dá para aguentar bem, mas…"

"Mas o quê?", ele urgiu.

"Ah, é tudo tão lúgubre aqui. Agora outra vez com as moças gregas. O que fazem exatamente, eu não sei. Elas são queimadas por dentro. Eram quinze. Tiveram uma dor tremenda após a intervenção. Uma delas morreu."

"Será que não vão fazer algo assim com você também?"

"Parece que esses experimentos terminaram. Nas últimas semanas, um certo professor Schumann vinha aqui constantemente, um boche gordo, mas agora não o vejo mais. Acredito que começaram a fazer outra coisa, algo com injeções por baixo."

"Será que não vão pegar você para isso?"

"Talvez não, eu agora sou enfermeira na sala onde ficam as mulheres holandesas e os funcionários não costumam ser pegos."

Então tiveram que parar, pois soou pelo campo o conhecido assovio agudo.

Todas as noites o *Rapportführer* vinha ao campo. Era um sujeito perigoso, o *Oberscharführer* Clausen. Ele sempre andava com um chicote. Se você chegasse perto dele e recebesse só uma chicotada, tinha sorte. Quando ele entrava no campo, soava um assovio agudo e estridente como advertência. Qualquer pessoa que ficasse sabendo se encarregava disso, e embora Clausen se irritasse, nunca conseguiu flagrar ninguém assoviando. Mas então ele descarregava a sua ira. E ai de você se ele tivesse algo para criticar, se o seu cabelo estivesse muito comprido, se não tivesse cumprimentado de maneira firme o bastante, se desse risada, ou se você simplesmente não o agradasse. Não passava uma noite sem que pelo menos um homem fosse espancado, e isso ainda eram condições muito razoáveis se comparadas, por exemplo, com Birkenau ou Buna, a dita Auschwitz II.

Isto aqui, Auschwitz I, era o campo modelo, os blocos eram de tijolo, havia camas para todos. Aqui ficavam os grandes armazéns de onde todo mundo podia roubar um pouquinho a mais, e aqui ficava o hospital modelo. Não, as condições em Auschwitz I não eram medida para todo o complexo de Auschwitz. Foi o que contou o rapaz com quem Hans conversou naquela noite. Ele vinha de Buna, tinha chegado no mês anterior, com Hans, e sido enviado a Buna com 228 outros homens. Era uma caminhada de duas horas até lá; era um enorme complexo industrial e ainda se construía por toda parte.

A maioria dos rapazes tinha que puxar cabos; alguns estavam no comando do cimento. Não era fácil arrastar sacos de cimento de 75 quilos o dia inteiro, e em marcha acelerada. Hans tentou imaginar como a pessoa se sentiria à noite. Os sacos tinham que ser carregados por uma distância de mais de 100 metros, do trenzinho de bitola estreita para as betoneiras, e a cada 10 metros ficava um *Kapo* ou um soldado da SS que insistia para que mantivessem o ritmo. Já no primeiro dia, houve uma vítima.

Hans se lembrava de Plaut, o competente enfermeiro diplomado de Westerbork? Aplicaram nele o velho truque. Havia guardas nos quatro cantos do terreno onde trabalhavam; não era permitido sair da área que eles delimitavam. O soldado da SS que ficava na betoneira tinha ordenado que Plaut fosse buscar um caixote que estava fora das correntes das guaritas. Quando Plaut hesitou, ele lhe deu um chute e uma pancada na cabeça. Não lhe restou outra escolha a não ser ir buscar o caixote, mas quando ele atravessou a linha entre os guardas, eles atiraram para matar.

"Não conte nada para a mulher dele, ela está no Bloco 10. No dia seguinte, foi o velho Jacobson, um homem de 45 anos, o que para o campo já é velho. Numa tarde quente e sufocante, correndo sob seu saco de 75 quilos, ele simplesmente teve um colapso. Quem se preocupasse com ele era acossado com o cassetete. Depois de meia hora, uma pessoa pôde ir até ele. O homem estava morto. Nós queríamos levar o corpo embora, mas não podíamos. Porque ele fora contado na saída de manhã, e à noite o número tinha que bater. Assim, arrastamos o corpo para a chamada noturna, onde ele precisava ser contado mais uma vez. Agora, depois de cinco semanas, já morreram 20 dos nossos rapazes e será cada vez mais rápido, pois todo mundo está esgotado e tem feridas. Ainda ontem, Joop van Dijk, um homenzarrão, teve que parar para recuperar o fôlego, por causa da fadiga. O guarda reparou, desferiu-lhe uma coronhada e, quando ele estava caído no chão, ainda deu um chute na sua cabeça. Joop ficou inconsciente. Evidentemente, foi atingido de maneira infeliz, pois quando quisemos levá-lo à noite, ele ainda não tinha recobrado os sentidos. Sangrava pelo ouvido. Ninguém pôde ajudá-lo. Primeiro tivemos que esperar a chamada. Durante a chamada, ele recobrou um pouco os sentidos, gemia e pedia água. Durou umas duas horas. Depois de terminada a chamada, levaram-no para o hospital. Hoje de manhã, ele estava morto."

"E como você acabou aqui?", perguntou Hans.

"Eu me apresentei no hospital ontem à noite. Estava com dor de garganta e febre. Disseram que eu estava com difteria, e doentes contagiosos não podem permanecer lá, por isso fui trazido para cá, para o hospital central. Estou contente. O hospital em Buna é algo terrível. Os beliches têm três andares, como aqui, mas lá eles colocam os mais doentes em cima, segundo dizem, para lhes dar mais ar. Hoje tinha um paciente com disenteria, com uma forte diarreia, em cima de mim. Ele passou a noite inteira gritando por um penico, mas naturalmente ninguém o ajudou. Então ele fazia constantemente na cama. De manhã, começou a vazar. Eu me encolhi o máximo possível no canto da minha cama para não ficar sujo. Quando o enfermeiro chegou e constatou isso tudo, bateu no homem. Bem na cara, umas cinco vezes. Esse enfermeiro é gordo, ele distribui a sopa e come o que fica no fundo da vasilha. Assim que um morre, sobra pão, e todos os dias morrem alguns. Quando alguém vai para outro departamento ou para outro hospital, o pão não é reexpedido. Meu pão desta noite está sendo comido agora pelo enfermeiro. Enfim, estou com muita dor de garganta para engolir."

"Então você tem sorte de ter difteria."

"Não sei, acho que todos que vêm para o hospital em Auschwitz saem daqui para a câmara de gás."

Não, Hans não acreditava nisso. Era verdade que o *Lagerarzt* vinha de tempos em tempos, mas rapazes jovens e fortes não eram levados.

"Você pode avisar minha mulher?"

"Você tem filhos?"

"Não."

"Então ela deve estar, como todas as mulheres que vieram em nosso transporte, no Bloco 10. De dia é muito perigoso, amanhã à noite eu posso tentar. Como você se chama mesmo?"

"Você não se lembra? Boekbinder, o líder sionista."

Hans se lembrava e eles ainda falaram um pouco sobre sionismo e coisas assim. Pois ninguém quer se degenerar completamente, por mais que esteja no lixo. Hans não era sionista.

"Não existem judeus especiais, apenas uma questão social comum, contradições sociais comuns, que são descarregadas sobre os judeus. Uma vez que sejam combatidas, a questão judaica simplesmente deixará de existir."

"Mas os judeus que persistem na própria religião e tradição sempre continuarão sendo um elemento estranho."

"Mesmo que seja assim, o que importa? Na Rússia, vivem dezenas de povos, pequenos e grandes, cada um com uma cultura própria, um ao lado do outro, sem conflitos."

Mas a conversa não era cordial e Hans ficou contente quando soou o gongo: 9 horas, iam dormir.

Os pacientes com difteria ficavam entre os enfermeiros de reserva na Sala de Admissão. Isso não importava. O fim era o mesmo para todos. A não ser que os Aliados chegassem de repente. Quem ainda estaria vivo, então? Ah, tudo demorava tanto, demais para ele, e aí surgia de novo aquela bola de barro que ficava na sua cabeça e que às vezes adquiria independência como um *golem*[1] e formava raciocínios inteiros sobre a vida e a morte. Mas Hans agora conhecia a palavra mágica para esconjurar esse *golem*: "Friedel". Porque ela existia, o *golem* tinha que se calar. Ele evocava a imagem dela e a bola de barro perdia a vida e se encolhia.

Tudo ficou calmo por dentro dele, e onde ainda há pouco havia medo e dúvida, agora restava apenas um desejo silencioso. Então adormeceu.

---

1. Criatura feita de lama, ligada à tradição mística do judaísmo. (N.T.)

Fazia duas semanas que ele estava no Bloco 28 quando, numa tarde, chegou a notícia: "Todos os enfermeiros de reserva em alinhamento".

O que poderia ser aquilo? O supervisor do bloco entrou na Sala de Admissão com um detento bem-vestido, um verdadeiro "eminente". O homem usava um paletó de tecido preto e uma boina preta, com calça listrada de um tecido de lã. Tudo como os eminentes usam. Eles conversavam um pouco entre eles e o estranho disse que poderia utilizar cinco.

"Leve seis, então", disse o supervisor, "do contrário, isso nunca vai terminar".

Eles escolheram seis rapazes. Quatro eram holandeses: Hans, Gerard van Wijk, o jovem psicólogo, Tony Haaksteen, um aspirante a médico, e Van Lier, o residente. Eles juntaram suas coisas e o homem os levou consigo. Descobriram que ele era o novo supervisor do Bloco 9. Tratava os rapazes de maneira amistosa, contou que já estava havia nove anos no campo. Por ser comunista, foi preso já no primeiro ano do regime de Hitler. Agora tinha 50 anos.

"Ah, dá para aguentar, se a gente se acostuma um pouco à vida do campo. Sabe, 90% morre no primeiro ano, mas se você passa por isso, o resto vai bem. A gente se acostuma à comida, tem roupas um pouco melhores quando é um detento veterano, a SS também tem um pouco de respeito por você."

"O senhor então não quer sair daqui?", perguntou Hans.

"Querer é uma coisa. Lá fora também não é tão bom. Eu sou carpinteiro, vou ter que voltar a trabalhar para um patrão na minha idade? No campo, sou meu próprio patrão."

"Pensei que o patrão era a SS."

"Ah, são todos uns garotos, ainda estavam nas fraldas quando eu já estava no campo de Oranienburg. Aquele campo não é mais um campo de concentração. Agora é um sanatório. Vocês são holandeses, não é? Tive contato com holandeses uma vez. Isso foi, deixe-me lembrar, em 1941, em Buchenwald. Quatrocentos judeus holandeses. Eu era o supervisor no bloco de quarentena. Eles ficaram três meses comigo e já tinham se adaptado um pouco. Eu cuidava para que eles não precisassem trabalhar duro demais. Afinal, eram rapazes melhores que os poloneses e esse tipo de gente. De repente, toda a tropa foi mandada para Mauthausen. Mais tarde fiquei sabendo que eles foram parar na extração de cascalho. O dia inteiro subindo a encosta com baldes de cascalho. O mais resistente viveu cinco semanas."

Era verdade. Hans se lembrava dessa história em Amsterdã. Em fevereiro, Koot, um membro da WA,[1] foi morto no bairro judeu.

---

1. A WA (*Weerbaarheidsafdeling*, ou Departamento de Resistência) foi uma corporação formada pelo partido nazista holandês NSB, cujos membros com frequência atuavam como combatentes paramilitares nos bairros judeus. (N.T.)

Em seguida, a *Grüne Polizei* pegou 400 rapazes das ruas. Depois de alguns meses, chegaram as primeiras notícias de morte. Tudo terminou muito rápido.

Nesse meio-tempo, eles haviam chegado ao Bloco 9. Tinham que esperar um pouco no corredor e, em seguida, entrar no dormitório 1.

Um homem baixinho, um tipo atarracado, estava atrás da mesa. Tinha um triângulo vermelho com um P; um preso político polonês, portanto. O sujeito tinha uma cara gorda e redonda, a boca era dura, mas seus olhos mostravam um olhar bondoso, um tanto distraído. Mexia nervoso num lápis. Com certeza tinha passado por muita coisa, provavelmente também estava havia muito tempo no campo.

Os rapazes precisavam passar por ele de um em um. Como substituto do supervisor e médico mais velho do bloco, ele dividiria o trabalho.

Primeiro foi a vez de Tony Haaksteen. Era médico? Ele deu uma resposta um tanto ambígua. O médico do bloco perguntou que idade ele tinha: 22 anos. Os que assistiam deram risada e algo foi dito entredentes, "holandês idiota", e assim por diante. Em seguida, Gerard van Wijk, que informou que estudara Medicina e agora era psicólogo. O médico do bloco não entendeu isso muito bem. Era psiquiatra? Gerard não ousou dizer que não.

"Então vá para o quarto 3 com seu compatriota Polak, não puderam utilizá-lo em Buna. Os loucos estão lá."

Hans pressentia que lhe tiravam todas as chances. Ele havia sido assistente psiquiátrico por dois anos e era muito mais psiquiatra que Gerard, o teórico. Mas não lhe pareceu sensato querer concorrer. Talvez Gerard só tivesse uma chance como "psiquiatra". Por isso Hans disse que era internista.

"Bom", disse o chefe. "Então fique neste dormitório. Aqui fica o médico de admissão, dr. Ochodsky. Você pode ajudá-lo. Van Lier não foi chamado. O supervisor do Bloco 28 já havia contado a seu novo colega do 9 que Van Lier tinha uma ferida no pé. Por isso deveria primeiro ir para uma enfermaria até a ferida sarar."

Hans ficou muito feliz. "Ajudante do médico de admissão" devia ser uma boa função.

Ele continuava não entendendo nada sobre as relações no campo. Quem fazia os atendimentos médicos? Os rapazes de 18 e 20 anos, que mandavam e desmandavam no departamento ambulatorial e que vendiam medicamentos em troca de cigarros e margarina. Não àqueles que precisavam, mas àqueles que podiam pagar.

Quem mandava no Bloco 9? Não o supervisor e o médico do bloco, mas o mestre de provisões e seus cupinchas; poloneses rudes e alguns russos.

Serviço médico? O próprio dr. Ochodsky, que era um sujeito ótimo, não tinha nada para fazer. Eram umas 10 hospitalizações por dia e Ochodsky só dizia para que quarto deviam ir. Eram cinco minutos de trabalho; no mais, ele passava o dia inteiro deitado em sua cama. Quando o porteiro dava o alarme, sabia que soldados da SS estavam se aproximando e imediatamente começava a examinar alguém. Não, serviço médico não tinha, mas trabalho tinha o suficiente. Ainda assim, o Bloco 9 possuía uma vantagem inestimável. Segundo Bartjens,[2] depois do 9 vem o 10!

---

2. Willem Bartjens (Amsterdã, 1569-1638) foi um professor holandês que ficou famoso ao publicar um livro de cálculo. (N.T.)

Eram 4h30.

"Soou o gongo, levantar!", gritou o vigia noturno ao acender a luz na sala dos funcionários.

Quase todos levantaram num salto. No dia anterior, Paul gritara tanto com alguns homens que cinco minutos após o gongo ainda não tinham levantado, que hoje ninguém teve coragem de se virar de novo na cama. Só Gerard ainda ficou deitado por um instante.

"Levante, rapaz! Está querendo arrastar correntes por mais uma semana?"

"Ah, Hans, eu não aguento, dormi tão mal. Meu colchão está sem um fio de palha e eu tossi tanto."

"Essa tosse é bem ruim, mas que você tenha ficado com o colchão sem palha é culpa sua. Ontem havia cinco rolos perto do Bloco 21."

Gerard de fato não era particularmente bom nessas coisas. Deixava que lhe tirassem o pão da boca, por assim dizer. Mas o que esperar de um rapaz desse tipo? De boa família burguesa, o pai funcionário público. Nunca tiveram sobrando, mas não precisavam lutar pela sobrevivência. Como um rapaz assim poderia enfrentar todos esses detentos? Era uma turma e tanto rodeando você o dia todo: comerciantes clandestinos, gatunos e antissociais. Embora houvesse entre eles presos políticos poloneses, eles já estavam havia anos no campo e nem sempre continuavam tão gentis.

Sentiram isso mais uma vez quando se levantaram apressadamente, vestiram-se como puderam e foram para o corredor.

"Onde é que vocês estavam, ralé maldita, holandeses miseráveis."

Kuczemba havia reservado um empurrão para os dois: este era o seu bom-dia. Em seguida, trotar para a cozinha e, sobretudo, escolher um grande caldeirão de chá. Se voltassem com um pequeno, eram xingados até não querer mais, ou fazia com que retornassem, e se voltassem com um caldeirão grande, metade era jogada fora. Tinha sempre mais água de fosso fervida do que os pacientes queriam. Então correram em quatro pares para a cozinha, onde 20 homens de outros blocos já estavam esperando.

De novo, confusão na cozinha. O *Unterscharführer* tinha acabado de flagrar um russo surrupiando batatas. Ele não se contentou em espancar o russo até sangrar, também pegou alguns cozinheiros e o porteiro. Portanto o humor não era dos melhores na cozinha aquela manhã. Por isso eles também não puderam ficar lá dentro, tiveram que esperar do lado de fora até que o chá fosse despejado nos caldeirões.

Fazia frio, flocos de neve esvoaçavam e se derretiam no pátio interno e eles já estavam com os pés molhados. Não demoraria muito para que estivessem encharcados. Uma camisa e um paletó de linho não podiam reter muita umidade. Eles se espremiam contra a parede rebocada, a calha do telhado ainda segurava um pouco a neve. Mas lá veio novamente o *Unterscharführer*.

"O que estão fazendo parados aí, seus porcos sujos. Sentido!"

Gerard, que não havia entrado na fila depressa o bastante, levou um belo chute no tornozelo. Só um pontapé, mas como carregaria seu caldeirão agora? Enfim, quem se importava? Assim o dr. Van Dam e o jovem psicólogo Van Wijk ficaram congelando na úmida e fria manhã de dezembro.

"Por que temos que esperar tanto?", perguntou Gerard.

"Melhor perguntar por que tivemos que sair tão rápido do bloco. Você já sabe: 'Movam-se, movam-se, vamos, depressa!'. Nós somos acossados por princípio, para que desperdicemos o máximo de energia possível."

Depois de meia hora, finalmente entraram na cozinha. Os caldeirões estavam fumegando. O ar úmido e quente penetrou suas roupas e deu novamente um pouco de vida aos homens gelados. Os cozinheiros estavam perto dos caldeirões com suas roupas brancas encardidas. Poloneses grandes, musculosos, que deixavam bem claro o que pensavam. Era melhor não se aproximar demais, eles já estavam ocupados havia horas, irritados, agitados.

Lá estava mais uma vez o *Kapo*.

"Você, porco imundo, não jogue metade do caldeirão pra fora! Eu lhe arrebento a cara de novo."

O polonês ergueu os ombros. O *Kapo* era um prisioneiro alemão com um triângulo verde, a marca dos criminosos. Talvez tivesse cinco assassinatos nas costas, mas agora havia sido nomeado inspetor pela SS, então era preciso suportar tudo.

Hans e Gerard tinham escolhido um caldeirão e colocaram suportes de ferro por baixo para carregar. Hans viu um tonel com sal e lembrou-se de que Friedel tinha lhe pedido para arrumar sal. Quando enfiou uma mão cheia no bolso, um jato de água fria bateu-lhe no rosto. Um cozinheiro que lavava seu caldeirão o tinha flagrado. Agora ele ainda por cima estava encharcado. Mas sobreviveria também a isso. Olhou para o cozinheiro e deu uma risadinha meio boba. Como deveria reagir àquele jato de água? Revidar? Loucura, o cozinheiro era muito mais forte do que ele, bem alimentado e, além do mais, estava no seu direito. Se você flagra alguém surrupiando, pode aplicar a punição imediatamente.

Eles pegaram o caldeirão e saíram da cozinha pé ante pé. Vinte e cinco metros depois, Gerard teve que colocá-lo no chão. Não era forte, era um jovem franzino que nunca havia feito nenhum trabalho braçal e o caldeirão pesava mais de 100 quilos. Chegaram ao bloco se arrastando.

Devia ser mais ou menos 6 horas agora. Só o supervisor tinha um relógio no bloco, mas adquiria-se uma noção do tempo. Mais uma hora e o Bloco 10 abriria, e ele ainda tinha muito o que fazer.

Janus, o veterano do dormitório, já havia começado a esfregar o chão quando Hans entrou. Era um cômodo pequeno. Cinquenta e oito doentes ficavam ali, todos poloneses e russos: "arianos". Os doentes ficavam em beliches de três andares. Quem deitava em cima tinha mais calor, quem ficava embaixo, mais pulgas. Pois pulgas saltam bem, mas a gravidade faz com que caiam de novo. Por isso em cima ficavam os eminentes: poloneses conhecidos, muitas vezes com títulos e condecorações. Eram prisioneiros políticos altamente considerados pelos companheiros de prisão. Embaixo ficavam homens simples, camponeses e operários, que tinham abatido um porco clandestinamente, gritado um palavrão para um soldado alemão ou que muitas vezes nem sabiam por que estavam ali.

Para Hans, não era fácil viver em meio a essas pessoas. Os eminentes eram exigentes, com frequência não queriam se submeter às regras do campo, não queriam levantar às quatro e meia para se lavar, queriam guardar comida em suas camas e ficavam seriamente ofendidos se você dissesse alguma coisa quando jogavam suas cascas de cebola e outras porcarias no chão.

As pessoas normais, que ficavam nas camas do meio e de baixo, não escondiam seu antissemitismo. Hans estava contente por não entender o que diziam sobre ele. Mas isso é algo que se sente. Ele não se importava muito. Aquilo era importante?

Olhou pela janela bem na hora em que alguns detentos vinham se arrastando do Bloco 19 com o caldeirão de chá para o Bloco 10. Por sorte Janus não era o mais malvado e deixou que Hans saísse. Ele correu para fora torcendo para que o supervisor não estivesse chegando. Não, tudo estava seguro. Um grego do Bloco 19 lhe deu o seu caldeirão. Ele ficou contente e o grego também. Ofegante de tão nervoso, Hans subiu a escada do Bloco 10 arrastando os pés.

Não havia nenhuma mulher no corredor. Sim, havia uma mulher, uma criança ainda. Ela olhou furtivamente para os homens, mas saiu correndo no momento em que a porteira apareceu. Então eles chegaram com seus caldeirões à escada que levava para o andar de cima. A escada estava cheia de mulheres que se empurravam para pegar chá. Uma eslovaca gorda, comandante do pavilhão, manteve a escada bloqueada.

"Ninguém vai descer! De volta, de volta, porcas estúpidas!"

Ela empurrava e batia nas mulheres para subirem a escada e Hans se sentiu desfalecer. Como iria alcançar Friedel agora? Mas lá estava Betty, ela o viu e correu para cima. Como aquilo demorou, e a porteira ainda estava gritando:

"Homens, para fora, vamos, vamos!"

Não, ele não veria Friedel – sim, afinal! Lá vinha ela.

Ela deu um jeito de descer a escada passando pela confusão e deu de encontro com a eslovaca. Nesse momento, Hans a socorreu:

"É minha esposa, deixe-a passar, um minuto."

A eslovaca tirou a mão do corrimão e Friedel saltou os últimos degraus.

Ele agarrou a mão dela. Ela queria beijá-lo, mas ele tinha medo. Por um instante não disseram palavra. Ela foi a primeira a vencer a si mesma:

"Hans, alguma novidade?"

"Não, Friedel, nada."

"Você tem comida suficiente, Hans?"

"Sim, posso trazer pão para você, se precisar. Um polonês me deu um pouco de um pacote que recebeu."

"Não, querido, coma você. Você trabalha duro, eu não faço nada o dia inteiro. É só esperar e esperar. Enfim, eu ainda tenho sorte, outras..." Ela perdeu a voz.

"Como assim?", ele insistiu.

Ela olhou em volta, nervosa.

"Loulou e Ans receberam a injeção ontem."

Nesse instante, ele mordeu os lábios. Entendeu por que ela estava nervosa. Não sabiam exatamente o que era aquela injeção, mas com certeza era ruim. Friedel contou que Ans, particularmente, teve uma dor terrível no abdome. Sangrou a noite toda, e com a cólica veio o sangue, dez vezes mais que num sangramento normal. E agora ela estava na cama, exausta e miserável, e na semana seguinte teria que voltar ao professor.

Ambos se calaram. Mas em seus olhos havia o medo de que ela também tivesse que passar por isso.

Então veio a porteira. Ela tinha esquecido o que era falar no tempo que ficou no campo, só sabia gritar. Também por isso era uma boa porteira.

"Fora, você está louco! Todos os homens já saíram. Rápido, rápido, se a supervisora chegar, isso vai custar a minha cabeça!" Ela gritou tão alto que a supervisora com certeza viria e por isso era melhor ir embora.

Friedel não conseguiu mais se controlar. Apertou-se contra ele e beijou-o, beijou-o e ele a beijou também. A porteira ficou louca e ameaçou chamar a supervisora. Por isso Hans afastou Friedel de si e forçou-se a se acalmar.

"Friedel, seja forte."

"Eu sou forte, mas é tão horrível para as meninas aqui."

"Eu entendo, mas isso também não vai durar para sempre."

"Quanto tempo ainda?"

"Não sei, querida, tudo um dia acaba."

O que mais ele devia dizer, o que mais ele poderia prever? Friedel era uma garota de ouro, mas ouro puro é um metal macio. Se ela fosse de aço, todo esse sofrimento não deixaria marcas tão facilmente.

Ele foi embora. Na verdade, fugiu, pois sentia-se incapaz de consolá-la. No que suas palavras ajudariam contra aqueles atos? Hans não entendia nem a metade do que acontecia no Bloco 10, nem qual era o objetivo. Será que a esterilização em larga escala não era um item do programa dos alemães? Será que não queriam esterilizar todos os judeus, poloneses, russos e talvez outros mais? O que significariam esses experimentos ginecológicos a não ser uma tentativa de esterilização? Mulheres judias eram cobaias de laboratório baratas. Só poderiam se alegrar com o seu sofrimento, e se morressem, era de pouca importância. Foi com esse humor que voltou ao Bloco 9.

A recepção no Bloco 9 não foi calorosa. Paul, o supervisor, esperava por ele no corredor e começou a xingar como um demente quando viu Hans entrando.

Ele desfilou todo o seu repertório:

"Seu imbecil, filho da mãe, Deus do céu, seu idiota de merda que sai por aí na hora do trabalho. Com certeza estava naquele bordel aqui do lado. Não entendo como podem estabelecer uma coisa assim num campo de concentração decente. Em Buchenwald não vi uma única saia em cinco anos, literalmente, até abrirem o 'bordel'."

Zielina, o médico-chefe que estava ao lado dele, deu-lhe um tapinha:

"E você com certeza ficava lá todos os dias."

"O que você está pensando?! Não fui nem uma única vez. Sou um comunista, um maldito porco vermelho, mas você não vai me encontrar entre as putas. Aliás, em Buchenwald, o melhor público não frequentava aquele lugar. Nem pense que alguma vez você veria por lá um triângulo vermelho, um prisioneiro político, indo ao bordel. Não entendo que tipo de sujeitos sem firmeza há aqui em Auschwitz. Passam a noite inteira esperando em filas."

"A comida é boa demais aqui", brincou Zielina.

"Mas voltar lá, naquele pedaço de tristeza descarnado", Paul continuou seu discurso para Hans, "como eu ia dar risada se o *Rapportführer* encontrasse você ali. Você sabe o que aconteceu com Florek, nosso barbeiro?"

"Não."

"Florek estava na janela conversando com uma madame do Bloco 10. Você sabe como é com Florek, as inevitáveis conversinhas sujas, os inevitáveis gestos sujos. E imagine só Kaduk, o segundo *Rapportführer*, chegando ali. Ele o pegou pelo pescoço, triturou o infeliz, e o levou para a sala do supervisor do bloco. Lá ele o entregou a Heissler, o *Lagerführer*: 25 no traseiro. Recebeu essa dose imediatamente, no bunker, com rabo de boi."

"O que é isso?"

"O que eu acabei de dizer, um rabo de boi seco, uma ferramenta disciplinar de primeira classe dos alemães. Florek teve que deitar de bruços por três dias; ainda não ousa sentar direito, e isso já foi há duas semanas."

"Nunca ouviu falar do 'país dos 25'?", Zielina perguntou. "Era a África Alemã do Sudeste. Para os negros, a punição usual era 25 chibatadas com vara ou chicote. Foi assim que o país inteiro ganhou esse apelido."

Paul o interrompeu:

"Nós, alemães, somos mesmo um povo selvagem."

Olhava para Hans extremamente irado, xingou mais um pouco e então o mandou para o Bloco 21. Pois era disso que se tratava, hoje tinha comando funcional.

Quinze homens já estavam no Bloco 21. O porteiro do bloco gesticulava agitado, empurrava os homens para seu lugar em filas de cinco e vociferava como um possesso para os blocos que ainda não tinham enviado seu contingente de operários.

Outra vez: "rápido, vamos, ritmo". Mas quando todos os 30 homens tinham sido convocados, ainda levou meia hora para que o soldado da SS que iria acompanhá-los chegasse. E quando afinal já tinham marchado para fora do portão e chegaram ao posto da SS, não havia nenhuma carreta para pegar as coisas. O líder de seção entrou em negociação, e assim ficaram esperando por mais uma hora. Fazia frio, um frio terrível, e eles tremiam em suas roupas de linho. Estavam no meio da rua, pois as calçadas onde a neve tinha sido retirada pelos prisioneiros eram para os soldados da SS que entravam e saíam daqueles prédios. Três grandes edifícios: posto da SS, administração local da divisão sudeste da SS e quartel-general.

Eram verdadeiras colmeias; os homens entravam e saíam como enxames, e, entre eles, moças jovens e bem-vestidas, com trajes que, com certeza, haviam pertencido a uma ou outra jovem judia – agora assassinada. Às vezes, detentos do chamado comando do posto da SS que trabalhavam lá como faxineiros, e até alguns eminentes, como farmacêuticos ou protéticos. Eles estavam bem. Comiam a comida da SS, tinham todos os artigos de higiene necessários e medicamentos. O comando do posto da SS era a principal fonte de medicamentos para o campo. Os detentos que trabalhavam ali os contrabandeavam e vendiam dentro do campo em troca de margarina, salsicha e roupas que outros, por sua vez, furtavam do depósito de vestimentas. Para cá, para a enorme farmácia e para os grandes sótãos, vinham todos os medicamentos que eram confiscados dos milhares de pessoas nos trens. Com os remédios enviados pelo Campo de Saúde da Waffen-SS, em Berlim-Lichtenberg, formavam estoques gigantescos. Deste ponto central, os medicamentos eram distribuídos por toda a SS no *front* sudeste. Da mesma forma, o Departamento de Obras de Auschwitz era a central de materiais de construção para todas as tropas, e toda a divisão sudeste da Waffen-SS era provida de equipamentos de guerra pelas fábricas de Auschwitz. A Oficina Alemã de Materiais cuidava de tudo o que era feito de madeira, em especial caixas de munição. A própria munição era fabricada na Auto-Union[1] e nas indústrias de Buna. Em Buna também se fabricava borracha sintética. E aqui, nestes prédios, ficava a central de todo o complexo de Auschwitz, que era composto por mais de 30 campos: Auschwitz I – o campo de Hans –, Birkenau, o centro de extermínio, Monowitz, com as fábricas de Buna, e vários campos menores com comandos de mineração e construção, tudo junto com mais de 250 mil operários. Aqui, neste quartel-general e local de controle, ficava toda a administração, de onde todos os operários e materiais eram geridos.

Não, Auschwitz era mais que uma provocação em grande escala. Com suas fábricas e minas, era uma parte importante da área industrial da Alta Silésia e os operários eram mais baratos que em qualquer lugar do mundo. Não precisavam de salário e comiam quase nada. E quando estavam esgotados e iam para a câmara

---

1. A Auto Union foi uma fábrica alemã de automóveis fundada em 1932, durante a Grande Depressão, com a união de quatro fábricas: Audi, DKW, Horch e Wanderer. (N.T.)

de gás, ainda havia oponentes políticos e judeus suficientes na Europa para completar o número novamente.

Berlim organizava tudo. Na Wilhemstrasse, havia um departamento especial para os campos de concentração, subordinado a Himmler.[2] Ali organizavam os transportes para os campos por toda a Europa. Dali saía a ordem para Westerbork: tantos mil no transporte para este ou aquele campo. Ali era computado quantos por cento do transporte deveria ser diretamente exterminado e quantas pessoas eram necessárias para o trabalho.

Grün, o dentista que já estava havia um ano e meio no campo, sabia explicar tudo precisamente. Ele era o exemplo típico do polonês que não temia nada nem ninguém e nunca levava em conta os interesses alheios. Era conhecido por toda parte no campo e sempre tinha tido as melhores funções. Possuía amigos que trabalhavam no departamento político e que tinham lhe contado todo tipo de segredos: decisões do quartel-general, telegramas de Berlim. Teve relações com moças que trabalhavam no posto da SS, e se fosse flagrado, não lhe custava a cabeça, pois tinha outro amigo na cozinha da SS que levava 1 litro de genebra para o soldado que sabia demais sobre Grün. Mas agora estava um pouco em apuros. Aconteceu assim:

"Sabe o que é gás do pântano?"

"Não."

"Gás do pântano é um comando de 600 homens, eles ficam nos blocos 1 e 2. Todo dia andam 5 quilômetros, lá está sendo construída uma grande fábrica perto de um pântano para extrair energia dos gases putrefatos. Nessa instalação também há trabalhadores

---

2. Heinrich Himmler, um dos principais líderes do partido nazista. (N.T.)

civis. Gás do pântano é o grande comando de contrabando. Os rapazes que trabalham ali trazem roupas e lençóis, escondem no corpo e vendem aos civis em troca de mantimentos. Joias e relógios também. Eles obtêm a mercadoria de outros, que trabalham no Canadá.[3] Lá chega tudo o que os trens entregam; os do Canadá dividem os lucros. Dois meses atrás, tive um belo pacote nas mãos, mas acabou mal. Um rapaz no Canadá havia encontrado uns brilhantes lindos no forro de um casaco. Ele trouxe para mim porque sabia que eu estava no comando do gás do pântano. Tinha um único preço para os brilhantes: liberdade. Primeiro paguei para a divisão de funções 1 litro de aguardente e meu camarada também foi para o comando do gás do pântano. Em seguida, começamos aos poucos a conversar com um motorista polonês, vendo se ele poderia colocar algumas tábuas embaixo de seu reboque onde nós dois pudéssemos ficar deitados. Entre o virabrequim e o reboque, portanto. Mas escolhi o homem errado, pois ele tinha relações com um dos guardas do comando. Por acaso vi que ele estava negociando com ele. Então eu disse ao líder do comando que estava doente. Custou muito, porém ele me mandou de volta para o campo com um guarda. Não consegui avisar o meu amigo. No mesmo dia, eles o mataram. Mas não encontraram os brilhantes com ele, porque eu já os tinha guardado num lugar seguro. Desde então, tenho me mantido um pouco na minha, você entende, porque certamente há soldados da SS que agora cobiçam brilhantes."

Hans também entendeu uma outra coisa: que, quando o plano não deu certo, Grün sacrificou seu amigo para fugir com os brilhantes.

---

3. Seção de Birkenau para onde eram levados os pertences dos judeus que chegavam com os transportes, apelidada de Canadá por ser um local de abundância. (N.T.)

"Se quiser fugir do serviço", continuou Grün, "o hospital é o melhor lugar. Por meio litro de genebra, você é enfermeiro".

De fato, Grün sabia fugir do serviço.

O líder de seção chegou. Havia conseguido uma carreta, eles tinham que tirar sacos do trem e carregar ali. Grün falou um instante com ele e recebeu um bloco de anotações e um lápis. Iria contar a quantidade de sacos.

Saíram com a carreta. Estava bastante tranquilo. Todos eram enfermeiros e tinham na manga esquerda o pequeno distintivo preto em que estavam bordadas as letras HKB: *Häftlings-Krankenbau*.[4] As letras dos enfermeiros eram azuis, as dos funcionários técnicos, vermelhas, e as dos médicos, brancas. Mas a classificação era apenas teórica, porque aqui todos estavam empurrando a mesma carreta.

O HKB era um sinal miraculoso. Com toda a aversão que tinham do intelectualismo, os caras da SS na verdade sentiam medo. Seria coincidência que os intelectuais em Westerbork fossem os que sabiam se manter por mais tempo e depois, em geral, fossem mandados para o privilegiado campo de Theresienstadt? Seria coincidência que médicos, especialmente aqueles que lidavam com a vida e a morte, tivessem as melhores chances de sobrevivência em Auschwitz e também em outros campos? Certamente não. O homem primitivo vive em constante temor pelo mundo dos espíritos, que consiste das almas dos que morreram. Se você matar alguém, a alma dessa pessoa será hostil a você e um espírito malvado é ainda mais perigoso se ele tiver sido um "grande espírito" em vida. Os médicos são especialmente perigosos, pois dominam a herança espiritual de velhos feiticeiros que

---

4. Hospital de detentos. (N.T.)

tinham poder sobre o reino espiritual de vivos e mortos. E que homens são mais primitivos que os "nobres germânicos"?

Aliás, com médicos é preciso ter cuidado. Até no mais bruto soldado da SS se escondia a sensação: "Você ainda pode precisar dele". Graças a isso, médicos e equipe de enfermagem eram pouco perseguidos e quase nunca apanhavam.

Mas o trabalho tinha que ser feito e isso também era desagradável. Havia ali um vagão cheio de sacos de papel, "Veneno contra mosquitos da malária" estava escrito na fórmula química, um composto de enxofre. Muitos sacos estavam arrebentados, por isso tudo estava coberto por um fino pó verde. Quando se erguiam os sacos, o pó penetrava pelo pescoço, grudava na cabeça suada, entre os fios de cabelo milimétricos. Entrava no nariz, que começava a escorrer, e nos olhos, que começavam a lacrimejar.

Primeiro se ajustava o saco tanto quanto possível para que ficasse no meio das costas e não sujasse muito, mas cada saco pesava 50 quilos e, quando você cansava, às vezes precisava pôr o saco sobre os ombros. Então ele inclinava. E assim ficava-se coberto de pó, com as roupas e o rosto verdes.

O pior eram os olhos, ardiam e coçavam, e se você esfregasse com as mãos empoeiradas, começavam a queimar e lacrimejar. Você ficava cego e não conseguia continuar, punha o saco no chão por um instante. Mas isso também não era permitido, o trabalho tinha que ser concluído em um determinado tempo, o líder de seção era responsável por isso e ficava apressando. Se você reclamasse daquele pó miserável, que doía tanto nos olhos, que ardia tanto na pele, o líder de seção ria de maneira furtiva. Ele sabia algo mais.

Quando voltaram às 6 horas da tarde, esgotados e com os olhos vermelhos e lacrimejantes, para seus blocos, todos se sentiam mal. Um tremia, o outro tinha náuseas, todos tinham dor nos olhos e alguns tinham a pele cheia de bolhas. Hans se sentia mal; foi para a cama logo depois da chamada. No dia seguinte, ele não conseguia se levantar. Tinha febre e a pele de seus ombros, suas costas e em toda a parte do corpo onde o pó se espalhara estava vermelha e inflamada.

Ele não era o único, quatro dos enfermeiros tiveram que ficar de cama. Paul foi bastante razoável. Mandou outros aquele dia, porque o trabalho precisava continuar.

Os novos perguntaram ao líder de seção se não poderiam colocar alguma coisa de borracha nas costas e nos ombros, e se não havia óculos de proteção para os olhos. Mas o líder de seção ergueu os ombros negligentemente. Que importava, alguns detentos doentes. Um dos enfermeiros tinha levado um oleado de borracha da sala de tratamento. O vigilante sanitário, que controlava diariamente o hospital, repreendeu-o até não querer mais quando o viu com aquilo, deu-lhe umas sovas e levou o oleado consigo: "Sabotagem".

Sabotagem querer preservar a sua saúde, querer se proteger do veneno com o qual é obrigado a trabalhar. Então o leite que dão para operários das fábricas de tinta na Holanda com certeza é um desperdício. Enfim, outra vez alguns novos doentes à noite.

Paul parecia preocupado.

No dia seguinte, a mesma coisa. Agora já eram 7 dos 35 enfermeiros do Bloco 9 doentes, por causa daquele pó. Mas o trabalho havia terminado.

Hans não estava descontente. A febre passaria, o corpo excretaria o veneno e os eczemas, que tinham se formado por toda parte, descamariam. O descanso lhe fez bem. Só era ruim o fato de não ter tido nenhum contato com Friedel. Tinha lhe enviado um bilhete, dizendo que não estava bem, mas não recebeu resposta. Os rapazes que levavam a comida para o Bloco 10 não ousaram. Alguns deles tinham acabado de levar uma surra e um, com quem encontraram bilhetes, foi mandado para Birkenau pelo comando de punição.

Então, no quinto dia: alarme! Paul entrou na sala dos enfermeiros:

"Depressa, vistam-se todos, rápido! O *Lagerarzt* está no Bloco 19, pode chegar aqui a qualquer momento."

Eles não sabiam muito bem o que estava acontecendo, mas Hans encontrou Grün no corredor. Ele parecia muito apreensivo.

"As coisas foram bem por muito tempo. Ele ficou três semanas sem vir."

Naquele instante a porta se abriu.

"Atenção!", gritou o porteiro.

Grün puxou Hans para o banheiro. Ouviram quando o *Lagerarzt* foi para cima. Alguns doentes entraram no banheiro. Tony Haaksteen, que era *Scheissmeister*, já queria começar a vociferar, mas Grün fez um gesto para que ficasse quieto.

"Eles vieram se esconder aqui, seu palerma."

Grün não conseguia conter sua curiosidade. Levou Hans com ele para cima; devagarzinho, entraram na sala às escondidas e se colocaram entre os outros enfermeiros. Quase todos os leitos estavam vazios e os homens estavam alinhados no corredor central. O oficial do corpo médico escrevia os números daqueles que estavam muito doentes e não podiam sair da cama. Quando terminou, começou o desfile.

Foi repugnante, principalmente quando se sabia do que se tratava. Os pobres coitados descarnados, fatigados, esqueletos de olhos encovados, com o corpo cheio de feridas, estavam completamente nus em uma longa fila, apoiando-se uns nos outros ou se segurando nos beliches. O *Lagerarzt* dava uma olhada rápida em cada um e o oficial do corpo médico anotava os números dos homens para os quais ele apontava – mais ou menos a metade.

"Para que é isso?", um dos desafortunados arriscou perguntar ao *Lagerarzt*.

"Cale a boca."

Mas o oficial do corpo médico foi um pouco mais gentil:

"Os fracos vão para outro campo, lá tem um hospital especial."

Os enfermeiros que escutaram isso deram uma risadinha entre eles.

"Hospital especial, adequado para todos os males."

O *Lagerarzt* terminou e desceu as escadas. Hans se assustou: no quarto 3, entre os loucos, estava Van Lier, o residente. Ele tinha sido teimoso. Não ficou só na cama por causa de suas feridas, mas foi se deitar entre os loucos no quarto 3 pelo ambiente mais agradável, porque dois holandeses trabalhavam ali: Van Wijk e Eli Polak. Se eles ao menos o tivessem escondido.

Mas quando o *Lagerarzt* foi embora, encontrou Eli no corredor. Seu rosto estava impassível.

"Só três alemães imperiais podem permanecer, todos os outros números foram anotados."

"Van Lier também?"

"Van Lier também, com os loucos."

Eles foram até Paul, o supervisor, que talvez pudesse fazer alguma coisa. Paul era um sujeito estranho. Não era mau, nunca batia. Gritava e ameaçava, mas ficava nisso. Porém estava fazia tempo demais no campo para ainda sentir alguma compaixão.

"O próprio Van Lier quis isso, se ao menos tivesse se esforçado. Por que não aconteceu nada a vocês? Você trabalhou aqui desde o começo e por isso coloquei vocês com os enfermeiros, mas aquele molengão..."

Aquilo, é claro, não era argumento. Afinal Van Lier também havia sido admitido como enfermeiro pelo *Lagerarzt*. Se Paul tinha alguma coisa contra ele, poderia enxotá-lo da cama, ou até mesmo demiti-lo do hospital – ele tinha esse direito como supervisor. Mas não podia deixar que ele fosse assim. No entanto, mesmo os melhores, depois de anos no campo de concentração, desenvolvem um "senso de justiça" próprio. Falam o que querem. *Ein Vogel*, como chamavam ali.

Assim, Van Lier permaneceu na lista e foi levado no dia seguinte. Os caminhões chegaram às 11 horas com uma torrente de soldados da SS, como Hans nunca havia visto no hospital. Estavam lá o *Lagerführer* com os dois *Rapportführer*, o *Lagerarzt* com o vigilante sanitário, os motoristas dos caminhões e muitos outros.

Gesticulavam agitados e eram particularmente rudes e ríspidos. Não, aquilo não se parecia nenhum pouco com um transporte para "um hospital especial", como o oficial do corpo médico havia dito.

O supervisor recebeu uma lista com os nomes e os números das vítimas. Tinham que se apresentar no menor tempo possível, receberam uma calça e um par de sandálias e foram apressadas para os veículos.

Os doentes graves, que não conseguiam andar, foram levados para baixo em macas pelos enfermeiros. Se não fossem rápidos o bastante, os enfermeiros levavam um pontapé, daí os soldados da SS encarregavam-se do coitado e ele voava como um saco de farinha para cima do caminhão.

Essas pessoas não eram pesadas. Um homem, originalmente um sujeito forte e resistente, que pesava 80 quilos, digamos, agora pesava 50 ou 52, e havia pobres-diabos de tamanho normal que não pesavam mais que 38 quilos.

É uma lei da bromatologia que, com o emagrecimento, o coração e o cérebro são os órgãos que mantêm o peso por mais tempo. Então a maioria estava muito consciente do que acontecia com eles. Ainda tinham tanta vontade de viver. Muitos choravam e reclamavam com os enfermeiros. Um garoto de 16 anos começou a gritar terrivelmente. Em seguida, veio um soldado da SS que bateu nele com seu cinturão. O garoto gritou ainda mais alto, o soldado da SS bateu mais forte. A pedagogia alemã, porém, era inútil.

Já viu alguma vez um bêbado chutar um cachorro ganindo? O cachorro vai ganir mais forte, e embora o homem esteja bêbado, sente aquele ganido merecidamente como uma acusação contra a sua brutalidade. O homem não é capaz de um sentimento consciente de "arrependimento", mas mesmo assim a acusação desperta sentimentos desagradáveis nele, que ele mascara agindo de maneira cada vez mais bruta. Chuta mais forte, ganido mais forte, até que o cachorro é morto a pontapés. Pelo menos assim ele não pode mais acusar o homem.

Assim, o soldado da SS também bateu cada vez mais forte e o garoto gritava cada vez mais alto. Por fim, ele pegou o garoto e o jogou como uma bola no caminhão. Então ele ficou quieto. Hans estava no corredor de baixo em frente à porta do quarto 1 e refletiu. Não, essas pessoas nunca serão educadas para um "arrependimento" sincero, se alguma vez tiverem que prestar contas. "Punição judicial" apenas criaria mais ódio neles e mesmo que "fingissem" ter melhorado, conspirariam novamente assim que fossem de novo libertados na humanidade. Para eles, só deveria haver uma punição no futuro: a morte, para proteção da nova sociedade.

Hans enfiava as unhas em sua carne para se conter. Resistência, mesmo a demonstração de compaixão, significaria um suicídio inútil. Em uma das seleções anteriores, um enfermeiro foi ajudar um dos desafortunados. O soldado da SS que supervisionava não gostou do fato de que tudo se atrasaria por causa de uma atadura. O enfermeiro protestou. O *Lagerarzt* se aproximou, anotou o número do enfermeiro e ele foi levado junto no caminhão.

Então Van Lier apareceu no corredor. Foi devagar até Hans. A cabeça curvada sobre o corpo alto e magro, a camisa suja e as sandálias estalando, os braços compridos balançando. Dava uma impressão horrível. Era como se a morte, que iria encontrar, já estivesse nele. Queria falar com Hans.

Mas Hans não tinha mais ânimo, sentia-se desesperado. Sabia o que Van Lier iria perguntar, mas não sabia o que deveria responder. Por isso ele se virou. Foi uma fuga, uma fuga covarde. Encolheu-se atrás da estufa de alvenaria no quarto 1, mas não conseguiu reprimir a excruciante curiosidade e foi até a janela.

Eles tinham terminado, as carrocerias dos caminhões já tinham sido fechadas, um soldado da SS tinha subido atrás e o transporte já ia sair para Birkenau. Hans apertou as mãos no parapeito da janela. Escutava como os poloneses discutiam alto em suas camas. Quis gritar, levado pela vaga sensação de que alguém ouviria seu grito e correria para ajudar. Mas não saiu nenhum som de seus lábios. As lágrimas brotavam silenciosas em seus olhos. Então um braço se apoiou nele. Era Zimmer, o polonês gordo de Posen.

"Ah, rapaz, eles não vão mais se lamentar. Para eles, a lamentação terminou."

Hans estremeceu, o polonês sentiu.

"Vamos lá, você tem que ser mais forte. Você é muito diferente. Você está bem aqui neste quarto conosco. Você é jovem e forte e sabe que o médico-chefe gosta de você."

"Tem razão, Zimmer. Não é por mim, mas pelas pessoas que vão para o matadouro de maneira tão estúpida."

Zimmer sorriu um pouco.

"Milhares, milhões já foram assim. Você chorou? Ficou todo transtornado só agora, que está diante do seu nariz. Mas eu não o culpo. Você ainda viu tão pouco. Quando os alemães invadiram nosso país, em 1939, entraram nas casas dos judeus. Os homens foram levados em massa para serem transportados até os campos de trabalho forçado, as mulheres foram estupradas. *Rassenschande*[1] não importava. Eu vi como eles pegavam crianças pequenas pelos pés e quebravam a cabeça delas batendo contra uma árvore ou um umbral. Essa era a moda naquela época. Parece que todo ano há uma moda nova na SS. Em 1940, a moda era, em dupla, puxar as

---

1. Termo usado pelos nazistas para relações sexuais entre arianos e não arianos. Para essa ofensa, havia sentença de prisão e pena de morte. Há casos de soldados alemães que estupraram mulheres não arianas durante a Segunda Guerra e foram punidos, não pelo estupro, mas pela "vergonha racial". (N.T.)

crianças até que literalmente arrebentassem. Em 1941, pegavam uma bacia d'água e afundavam o rosto da criança. Assim, as pobrezinhas se afogavam em 10 centímetros de água. Nos últimos tempos, eles ficaram um pouco mais calmos. Matam os judeus com gás, os campos agora são sanatórios em comparação com alguns anos atrás, porque agora eles exterminam as pessoas de maneira mais sistemática."

"Então aconteceu muita coisa na sua região."

"Nem me fale, rapaz. Nós, poloneses, conhecemos os alemães. Eles sempre se arremeteram contra nós, sempre dividiram nosso país e anexaram as melhores partes. Posen – Poznań, em polonês –, Danzig – Gdansk –, e Stettin. Estão devorando de novo as partes mais bonitas da Polônia. Mas não importa onde eles delimitem suas fronteiras agora. Se eles vencerem a guerra, a Polônia inteira será sua escrava. Só que eles vão perder, e então nossa justiça será feita."

Foi assim que ele distraiu Hans dos acontecimentos horríveis daquela manhã.

Nesse meio-tempo, houve comando de caldeiras. Os cinco blocos do hospital deviam, um por vez, levar a sopa para o Bloco 10 durante algumas semanas. Esta semana era a vez do Bloco 9. Hans carregou um caldeirão com Majzel, o bom e silencioso médico belga cuja mulher também estava no Bloco 10.

A maioria dos enfermeiros queria entrar no Bloco 10. Muitos tinham uma namorada lá, mas mesmo os que não conheciam ninguém queriam estar alguns segundos entre mulheres. Por isso era uma corrida maluca da cozinha até o Bloco 10, porque os quatro pares que chegassem primeiro podiam entregar sua sopa lá; os outros tinham que ir para o Bloco 9, dos homens.

Além disso, Hans e Majzel sempre escolhiam um caldeirão pesado. Sentiam como se fosse uma traição o que muitos faziam: queriam ir até as mulheres, escolhiam um caldeirão pequeno e assim prejudicavam as próprias mulheres, porque levavam pouca sopa.

Mas isso tudo não importava, porque eles tinham outro objetivo em vista e não uma namoradinha. Eram capazes de um esforço maior que os outros. E quando Majzel – que era dez anos mais velho que Hans – às vezes não conseguia seguir em frente tão bem, pegavam o caldeirão de um jeito que o peso maior ficava do lado de Hans, que era forte e tinha muita perseverança. Eram quase sempre os primeiros a chegar.

Friedel já ficava esperando no corredor. A porteira – a megera – agora já os conhecia um pouco; ladrava um bocado menos que antes. Friedel ria e punha a mão contra o peito.

"Seu bobo, se esforçar tanto assim. Como seu coração está disparado, depois ainda vai ter um troço."

"Fique feliz por ele ainda estar batendo."

E a dor aguda pelo que tinha visto naquela manhã cessou imediatamente. Ele tentava falar de outras coisas, mas ela já havia percebido. Elas também tinham visto tudo pela janela.

"Como vão os maridos das mulheres que estão aqui?"

"Miel Boekbinder está bem, Heini e Günther também, mas um certo Geitenman foi levado embora."

"Deus do céu, o que eu devo dizer para ela? Passou a manhã inteira andando pra lá e pra cá como uma maluca. Ela já estava com tanto medo, porque ele estava muito mal. Mesmo assim, ela não quis acreditar. Estou até com um pacote de pão que ela mandou para ele."

Hans achou melhor fazer de conta que estava tudo em ordem. Dali a alguns dias, eles podiam dizer a ela que o marido partiu de repente, transferido para outro campo. De qualquer forma, ela não podia saber que ele fora levado com a grupo daquele dia.

"Coitada, esta semana ela também foi usada por Samuel. Sentiu muita dor e teve um sangramento enorme. Você ainda tem como conseguir algodão ou celulose? É impossível conseguir o suficiente aqui quando fazem tantos experimentos como na semana passada."

Lá veio Bettie, a esposa de Miel. Trazia dois pacotinhos, um para Miel e outro para Heini Spittel, de sua mulher.

"Não tem nenhum bilhete dentro?", perguntou Hans.

Ser pego com um pacote de pão, ainda dava, se pudesse provar que era de uma mulher para o próprio marido. Mas com bilhetes, não.

"No meu pacote tem um bilhete."

"Tire rápido, prefiro escondê-lo na minha roupa."

Hans começou a ficar nervoso, pois a porteira já tinha enxotado quase todos os homens. Ele ainda gostaria de falar sobre algumas coisas com Friedel, mas as questões das encomendas sempre tomavam muito tempo. Friedel percebeu que ele estava ficando impaciente.

"Deixe, vai, você é a única chance que elas têm de entrar em contato com os maridos."

Mas antes que Hans pudesse responder, a porteira o viu, embora ele tivesse se escondido no meio das mulheres.

"Você parece louco, hein?", ela começou com suas agressões habituais.

Para se poupar de mais insultos, ele deu um beijo ligeiro na esposa. Porém Friedel não aceitou isso. Segurou-o para ao menos ter uma despedida decente.

De repente, uma porta se abriu. Apareceu uma mulher grande e gorda, como que saída de um mercado de peixe, mas sem o frescor saudável das vendedoras de peixe holandesas. Cabelos sujos, eriçados, cor de palha, um rosto redondo, pálido, contrastando grosseiramente com os lábios pintados de vermelho-fogo. Ela estava nos últimos meses de gravidez, seu uniforme não servia direito e isso fazia com que ela tivesse uma aparência disforme.

"O que está acontecendo aqui, suas putas sujas?!"

Aquela mulher, a noiva honrada que xingou de "putas" sua Friedel e as outras mulheres que davam o pão da própria boca para seus maridos, era uma farsa. Mas o cassetete que ela manejava displicentemente não era de brincadeira. Por isso Hans escapou, encoberto pelas mulheres, passando pela supervisora. Levou as encomendas escondidas por baixo do paletó. Respirou aliviado quando chegou ao Bloco 9. Aquilo podia ter acabado mau.

No Bloco 9, os caldeirões de sopa já tinham sido distribuídos nos diversos quartos e pavilhões. Nos quartos pequenos do andar de baixo – "pequeno" significava: 50 doentes por quarto –, os pacientes podiam ficar na cama. Ali os enfermeiros passavam distribuindo a sopa.

Janus estava junto do caldeirão e servia. Um litro por pessoa. Hans entregava as tigelas vermelhas de lata. Havia muitos que não queriam a sopa. Comiam demais do que recebiam em suas encomendas. Assim sobrava sopa. Hans ainda conseguiu encher uma tigela com 2 litros e subiu para dar um pouco a um compatriota.

No andar de cima era diferente: os doentes ficavam em longas filas com uma tigela na mão para receber sua porção de sopa junto do caldeirão. Só os doentes mais graves podiam ficar na cama, recebiam a comida dos zeladores. Os enfermeiros eram preguiçosos demais para manter o dormitório limpo e levar a comida para os doentes. Para isso, tinham escolhido alguns pacientes em melhor estado. Todos queriam fazer esse tipo de trabalho, porque então recebiam 1 litro extra de sopa todos os dias e não eram dispensados do hospital nem destacados para um comando exterior. Mas, é claro, era perigoso. Quando o *Lagerarzt* vinha para investigar *Muselmänner*, os zeladores tinham que se esconder no banheiro ou no sótão.

Assim que Hans chegou ao dormitório com sua tigela de sopa, gritavam para ele de diferentes cantos:

"Enfermeiro, me dê um pouco de sopa. Mostravam o pão do dia anterior e a margarina que tinham economizado, querendo comprar a sopa de Hans."

Muitos enfermeiros se envolviam com isso. Havia todo um mercado negro no campo. Os preços até eram mais ou menos fixos. Um litro de sopa equivalia a meia porção de pão ou uma porção inteira de margarina. Alguns enfermeiros e funcionários trocavam todos os dias 5 ou mais litros de sopa por um tipo melhor de alimento. Havia até médicos que contrabandeavam tigelas de sopa pela janela a fim de receber margarina. Se fossem flagrados, seriam enxotados do hospital, mas eles não se deixavam flagrar. Hans não participava daquele comércio. Isso talvez não fosse um mérito; ele apenas não precisava tanto.

Quando ele voltou para baixo, Zimmer o chamou de lado e empurrou um pacote em sua mão.

"Hoje chegou a encomenda desta semana."

Hans teve que desaparecer depressa com seu pacote. Os outros poloneses não podiam ver, xingariam Zimmer por isso. Hans o abriu num cantinho da sala dos enfermeiros. Havia duas maçãs dentro, um pedação de bolo e um pedaço de toucinho. Ele comeu na hora uma maçã e um pedaço do bolo, o resto guardaria para Friedel. Escondeu embaixo de seu colchão. Em seguida, de volta à peleja: lavar tigelas, varrer a sala. Kuczemba, o monitor, chamou. Era preciso buscar pão e ele necessitava de um par de rapazes fortes para isso: 120 pães, isto é, 170 quilos carregados por uma dupla. Depois, outra vez comando de caldeiras: o chá da noite e, além disso, uma reprimenda de Paul.

"Seus cachorros imundos, não viram que entornaram chá na escada de fora?". A escada de fora pertencia às tarefas de Hans. "Isso é um serviço nobre. A escada é o cartão de visitas do nosso bloco. Tem que dar o melhor de si para preservá-lo. Vá já limpar. E limpe bem, jogue alguns baldes de água e depois passe imediatamente a vassoura. Você sabe."

Hans com certeza sabia. Correu como um possesso com os baldes de água pelo corredor e fez o maior barulho possível para que todos soubessem como ele trabalhava duro. Assim evitaria que um de seus superiores lhe escalasse para uma próxima tarefa e pôde, depois de esfregar a calçada, entrar despercebidamente no quarto 3.

Era a seção dos loucos, onde ficava o dr. Eli Polak. Eli estava em seu cantinho, na mesa, cochilando. Sempre tinha um estado de ânimo um pouco para baixo. Não parecia particularmente forte. Embora tivesse apenas 35 anos e fosse robusto, com frequência dava a impressão de um velho alquebrado, para quem qualquer coisa é demais.

Era compreensível. Três semanas depois de sua chegada a Auschwitz, soube que sua esposa e seu filho – assim como todas as mulheres com crianças – tinham sido enviados para Birkenau imediatamente após chegarem da Holanda.

"Sabe", ele começou a falar com Hans, "eu estava na minha fila. Minha mulher foi colocada no caminhão e acho que nessa hora ela desmaiou. Penso que de uma maneira ou de outra ela entendeu o que iria acontecer."

"Não diga besteira", retrucou Hans. Ele se sentia incapaz de consolar Eli e, numa situação assim, a pessoa esconde sua dificuldade com grosseria. "O que ela poderia ter percebido? E você sabe muito bem que de qualquer jeito ela teria ido para o crematório, desmaiada ou não."

E então Walter começou:

"Em nome do *Führer*, eu, Walter, fui escolhido como eterno enviado do reino de mil anos na lua. Sou o senhor de todas as estrelas e planetas. Minha irmã me deu três *Reichsmark*[1] e, com eles, eu consegui manter o *Hermann-Göringwerke*[2] sob meu controle econômico. Com nossas novas armas, consegui pôr o universo sob meus pés e, em nome da trindade Hitler, Goebbels[3] e Göring, sou o representante do soberano nesses grandes domínios. Meu poder é ilimitado. O *Führer* ordenou. Todos os loucos do quarto farão agora uma eleição livre. Vote, vote, vote. Você primeiro, seu molengão, seu eterno dorminhoco, vote pelo bem-estar do nosso grande império germânico. Seu democrata maldito, quer tratar de acordar?"

Ele sacudia o pobre imbecil que dividia a cama com ele e bateu com força em sua cabeça. O homem se levantou e rosnou algo ininteligível.

"Milhões, trilhões marcham sob a nossa bandeira. Nosso sangue fecunda a eterna Deusa da Verdade e Ela parirá o Líder que nos guiará para o grande reino da perfeição. Meus filhos são vermes de sangue e solo, com seus excrementos eles fecundam a terra, que gera os grãos os quais nos permitirão suportar o bloqueio da Inglaterra. Seu cachorro sujo, incrédulo. Levante-se.

---

1. A moeda oficial da Alemanha de 1924 até 1948. (N.T.)
2. *Reichswerke Hermann Göring*, um conglomerado industrial da Alemanha nazista, supervisionado por Göring, militar e político alemão considerado um dos mais poderosos do partido nazista. (N.T.)
3. Joseph Goebbels, ministro da propaganda na Alemanha nazista. (N.T.)

Marche em nossas fileiras. Sangue judeu respinga da lâmina. Agora está tudo bem para nós. Marchem!"

E mais uma vez chutou e bateu no pobre estúpido de cabeça raspada, que em seu temor levantava as mãos para Walter em súplica. Eli foi até lá e tentou acalmar Walter.

"Certo, Walter, a marcha é amanhã, hoje você tem que dormir."

"Nunca irei dormir, doutor, sou Siegfried, guardo a eterna Brünhilde.[4] Ela está dormindo no castelo com o dragão, o pai do *Führer*. Eu sou o guarda-costas do sangue marrom. Eu sou o estandarte do triunfo. Viva, viva. Sou o filho da Germânia. Nossas colunas marcham. Marche, marche!"

Ele tinha pulado da cama e marchava rugindo de êxtase de um lado para outro no quarto. Todos os loucos estavam em tumulto com a ideia de Walter como líder do grupo. Sentados nas beiradas das camas, acenavam com braços e pernas. Os pobres idiotas, que de outra forma seriam extremamente quietos, balbuciavam canções incoerentes.

Um sujeito hidrocéfalo batia o ritmo em sua tigela de comida, com um riso doido de alegria e olhos fixos, que saltavam de sua cabeça horrível.

Walter marchava e Eli ia atrás.

"Eu sou o chefe, eu sou o apóstolo, eu sou o *Führer* de todo o sanatório."

"É verdade", disse Hans.

De repente, um urro fez silenciar todo o tumulto.

"Santo sacramento, maldição, o que está acontecendo aqui?"

Era Paul, que apareceu ali alarmado com a algazarra.

---

4. Siegfried e Brünhilde são personagens da mitologia nórdica, atualmente mais conhecidos pelo ciclo de óperas épicas "O anel dos Nibelungos", do compositor alemão Richard Wagner. (N.T.)

Logo tudo terminou. Ele pegou Walter pelo pescoço e o colocou na cama. A coisa toda entornou.

"Dê-lhe uma injeção, Polak. Não fique parado aí."

Eli deu uma injeção em Walter e, aos poucos, as coisas se acalmaram. Paul se sentou na mesa.

"Ouçam, rapazes, vocês não podem desistir tão facilmente. Eu já estou há dez anos neste hospício. Acham que vou deixar um louco que imagina que é o *Führer* me derrubar? O próprio *Führer* não conseguiu em dez anos fazer com que eu me rendesse."

"Atenção!", soou o aviso por todo o prédio.

Paul saiu correndo. Eli foi limpar sua seringa e Hans pegou uma vassoura e começou a varrer diligentemente.

"Mexam-se!"

Era o vigilante sanitário fazendo sua ronda diária. No começo, ele gritava muito, mas nos últimos tempos estava dócil. Zielina havia descoberto seu ponto fraco: agora, quando o vigilante entrava na sala do supervisor do bloco, sempre encontrava um pacote de cigarros para ele. Os poloneses ofereciam com prazer, tirando um por vez de seus estoques. Assim eram poupados de controles incômodos. Podiam ter roupas em suas camas, às vezes cozinhar alguma coisa num grande caldeirão e cometer diversas outras pequenas infrações. Mas não demoraria muito para que esse vigilante sanitário fosse transferido. Então veio um novo. Os administradores do campo sabiam muito bem que todo guardião, mesmo que seja muito violento, com o tempo se integra um pouco a seus prisioneiros. Por isso os guardas – os do departamento de saúde, todos que tinham muito contato com os prisioneiros – eram transferidos regularmente.

Três semanas mais tarde, chegou o novo vigilante sanitário. Era um homem alto de bigode loiro. Veio fazer uma ronda no primeiro dia e pareceu bastante razoável. Mas alguns dias depois, fez todos os pacientes saírem da cama no pavilhão dos poloneses. O que podia ser aquilo? Se fosse com os judeus, teriam pensado: uma seleção, pois mais ou menos uma vez por semana a escolha dos desafortunados se repetia. Mas com os poloneses?

Hans e o comandante do pavilhão tiveram que esvaziar todas as camas e abrir todos os pacotes. Apareceu de tudo: roupas, sapatos, panos velhos, pão mofado e centenas de outras coisas. Tudo foi jogado numa pilha. Alimentos eles puderam manter, mas tabaco e coisas especiais, como chocolate e sardinhas, o vigilante sanitário enfiou em seus bolsos.

Nesse meio-tempo, ele pegou amostras, olhou embaixo dos colchões para ver se tudo tinha sido retirado e controlou os pacientes. Quem estava vestindo mais que só uma camisa teve que jogar as roupas extras na pilha e ainda levou uns safanões na cabeça.

Zimmer olhava desgostoso. Ele havia recebido um belo suéter de lã de carneiro e um par de sapatos de sola alta que tinham sido colocados no fundo falso de um pacote. Agora, perderia tudo. Já era inverno e um dia desses ele talvez tivesse que trabalhar em um comando externo.

As roupas e todas as outras coisas foram embrulhadas em cobertas e o vigilante sanitário disse que tudo precisava ser levado para a sala do supervisor. Ele tinha apenas começado a contar os fardos quando soou um disparo na rua. O vigilante foi para o outro canto da sala a fim de olhar pela janela e Hans aproveitou a chance. Saiu pela porta, sem ser percebido, com uma trouxa embaixo de cada braço.

Quando voltou, o vigilante sanitário estava junto aos fardos. Hans se adiantou:

"Já levei uma trouxa."

"Bom, tem mais cinco."

Hans fez o trajeto cinco vezes e o vigilante ficava atento para que nada desaparecesse dos fardos. Quando estava tudo na sala do supervisor, ele trancou a porta e levou consigo a chave. Mandaria buscarem tudo mais tarde. Porém o suéter e os sapatos de Zimmer e todas as outras coisas de melhor qualidade estavam no sótão.

À noite, Hans estava rico. Zimmer lhe deu meia libra de toucinho quando recebeu suas coisas de volta. Assim, abertamente. E os outros de quem Hans tinha salvado alguma coisa não ficaram atrás. Toucinho, açúcar, maçãs, pão branco e mais. Ele irradiava alegria quando chegou à janela do Bloco 10 e contou a Friedel sobre sua aventura.

"Amanhã trarei um pouco para você."

"Guarde o suficiente para você também."

"Não se preocupe."

Mas sabia que daria a maior parte para Friedel, pois quando a viu na janela, ouviu que tossia e ela já havia pedido xarope para tosse uma vez. Falou para ela medir sua temperatura, o que Friedel fez por algumas noites. 37,3; 37,5 na axila.

"Não importa", ela disse.

Mas Hans tinha medo. Já tinha assinalado o novo inimigo: tuberculose. Ele lutaria contra isso, cuidaria dela. Mandar alimentos era tudo o que podia fazer, e faria isso enquanto pudesse. Deitado na cama, pensando em como tinha enganado o vigilante sanitário, sentia-se feliz. Foi tomado por uma tranquilidade que havia tempos não conhecia. Dormiu sorrindo.

Numa manhã, Hans foi chamado pelo supervisor do bloco:

"Van Dam, você tem que ir para a quarentena."

Hans se assustou, achou que iria deixar o hospital outra vez, mas Zielina, que estava junto, riu e o acalmou:

"Tem escarlatina na quarentena e estão precisando de um médico lá. Os doentes agora não podem ser trazidos de lá para o hospital. Também não podem ir para o grande ambulatório à noite para serem enfaixados. Por isso precisamos mandar um médico para fazer todo o trabalho no local."

Uma hora mais tarde, Hans chegava à quarentena. Foi levado ao supervisor do bloco, que o recebeu com uma risadinha irônica:

"Ah, então este é o doutor. O senhor agora é o chefe aqui. Bom, vai ficar tudo bem."

Ele levou Hans até um dos dormitórios. Tinha uma pequena cabine no canto, protegida com cobertas; ali atrás havia um beliche comum, de três andares. Embaixo dormia o veterano do dormitório, e no meio, o escrivão. O leito no terceiro andar era para Hans.

O veterano lhe deu algumas indicações sobre como ele devia se comportar no bloco da quarentena. Precisava agir com calma e, principalmente, não se exaltar.

Deveria ter escutado o conselho, então tudo teria sido mais fácil. Porém ele começou desde o primeiro instante a querer tomar todas as providências que lhe pareciam necessárias, do modo mais diligente e rigoroso possível. Na porta de cada quarto, deveria ser colocada uma vasilha com solução desinfetante para enxaguar as mãos. Todas as manhãs, todos precisavam passar por um controle médico, a fim de descobrir novos casos de escarlatina o mais rápido possível. Toda noite, tinham que montar um ambulatório. Uma sala precisava ser evacuada para os doentes que, segundo as instruções, não podiam ser levados ao hospital e para casos suspeitos de escarlatina. Uma dupla de médicos franceses que estava na quarentena ajudaria Hans. Quando apresentou a lista de tudo o que queria ao supervisor, ele deu de novo uma risadinha irônica:

"Vai ficar tudo bem, senhor doutor."

Hans passou o dia inteiro ocupado com essas medidas, das quais nenhuma seria executada. Não havia vasilhas para desinfetantes. A farmácia do hospital se recusou a dar medicamentos para um bloco que não pertencia ao hospital. Lugar para fazer um ambulatório o supervisor não tinha, afinal havia 1.200 homens em seu bloco. Já tinham três pessoas dividindo um só leito.

Mas Hans sentiu que isso tudo era mais uma oposição proposital do que impossibilidade de implementar as medidas. Aliás, Heinrich, o veterano com quem Hans dormia, também disse isso.

Ele tinha um triângulo roxo ao lado do número no peito, a marca dos estudiosos da Bíblia. Toda noite havia uma pequena reunião na qual todos os estudiosos da Bíblia vinham até Heinrich. Não eram muitos: em toda a Auschwitz, uns cinco ou seis. Antigamente era diferente, contou Heinrich.

Todos que demonstravam a maldade do sistema nazista e previam sua derrota com base na Bíblia eram continuamente presos na Alemanha: os "servos de Jeová". O mesmo acontecia com aqueles que acreditavam em outras profecias, como a sabedoria das pirâmides: "As pedras falam", e as profecias de Nostradamus.

Chegou a haver 800 deles juntos em Dachau. O *Lagerführer* fez todos se alinharem na praça de chamada:

"Quem ainda acredita em previsões bíblicas?"

Todas as mãos se levantaram. Dez homens foram escolhidos pelos oficiais – foram executados ali mesmo. Depois, mais uma vez:

"Quem ainda acredita…"

Todas as mãos se levantaram novamente, mais dez vítimas.

Isso continuou, mas a cada rodada daquela dança da morte havia mais indecisos, menos braços de levantavam até que sobraram apenas "convertidos", mas só depois que uma centena dos melhores tinham sido mortos.

Às vezes, os estudiosos da Bíblia eram cansativos, porque, em tudo o que se dizia, tudo o que acontecia, tinham sempre uma palavra bíblica, a torto e a direito. Mas eram sinceros, desejavam o melhor para você e sabiam o que se passava no campo.

"Cuidado, rapaz", Heinrich advertiu Hans. "Não os incomode demais com todas as suas medidas. Você logo terá um grande problema."

Alguns dias mais tarde, veio o médico da SS. Ele se enfureceu e deu uma descompostura em Hans porque as medidas para evitar uma epidemia não tinham sido tomadas. Foi burrice de Hans ter sido honesto demais e dizer que havia ordenado as medidas, mas que só encontrou oposição do supervisor de bloco. Agora o supervisor estava muito incomodado com ele, porque achara que Hans, por medo, não responderia ao *Lagerarzt*.

O único que ainda ajudou Hans foi um jovem colega tcheco. Ele tinha sido levado para o campo como homossexual, mas como não era judeu e podia conversar em polonês com o supervisor de bloco, ainda pôde fazer alguma coisa. Ivar tornou-se um bom camarada para Hans. Ele contou como havia recebido o triângulo rosa.

"Um membro do partido em Praga tinha uma grande dívida comigo. Quando insisti no pagamento, ele me jogou nas mãos da Gestapo, testemunhando que teria me flagrado em conduta homossexual. Bem, Hans, você sabe como funciona o sistema judicial alemão. Eu nunca admiti nada e nada nunca foi provado. Mas uma testemunha nazista pesa mais que o melhor dos álibis. Poderia ter provado que no dia do 'crime' eu sequer estava em Praga, contudo a gente simplesmente não tem chance."

Hans se deparou pessoalmente com o sistema judicial alemão no dia seguinte. Estava ocupado num canto do sótão, onde 10 pobres doentes estavam numa pilha suja de palha, quando soou o gongo para a chamada. Do gongo até a chegada do soldado da SS levava pelo menos meia hora. Por isso o veterano do pavilhão foi por um instante até a sala de Hans a fim de avisá-lo que deveriam levá-lo em consideração durante a contagem. Mas quando Hans desceu um pouco depois, a contagem não bateu. O supervisor tinha interferido e, quando Hans entrou na sala, explodiu com ele como um possesso. "Desgraçado..." e centenas de outros palavrões em polonês.

Hans tentou esclarecer, desculpar-se, mas o supervisor se enfurecia cada vez mais e repentinamente lhe esmurrou no rosto com toda a força. Sangue jorrou do nariz de Hans e seus óculos ficaram quebrados no chão.

Mas pior que os óculos quebrados e o nariz torto – pois o osso nasal quebrou na hora – era que ele agora era um homem perdido naquela quarentena. Todos os veteranos e seus ajudantes, os escrivães e os zeladores riam dele. Ninguém mais o escutava.

À noite, Hans falou a respeito com Krutkov, um dos raros russos que falava um pouquinho de alemão. Ele tinha sido o líder de um *kolkhoz*, uma propriedade rural coletiva com cerca de 2.500 trabalhadores. Quando os alemães chegaram, impediram que todos continuassem trabalhando. Muitos foram executados lá mesmo. Ele estava com algumas centenas dos seus aqui no campo.

Todos eles tinham um triângulo preto: "Antissociais que fogem do trabalho". Imagine, pessoas que trabalharam como cavalos a vida inteira, que criaram uma fazenda maravilhosa, imensa, em seu vilarejo de campos de lama. Pessoas que também sabiam melhor que ninguém no mundo o que significa comunidade, comunidade de trabalhadores e camponeses, e que trabalhavam para essa comunidade, aqui eram assinaladas como antissociais. Que importa que tipo de triângulo você carrega aqui, que tipo de avaliação você recebe?

"Dê uma olhada ao redor, no tipo de pessoas que há aqui", continuou o russo. "Poloneses, na maioria, com o triângulo vermelho com um P no meio, prisioneiros políticos, mas garanto a você que 90% são negociantes ilegais, ou que seus atos políticos foram no máximo bobagens que disseram quando estavam bêbados. Os alemães com um triângulo vermelho com frequência são realmente prisioneiros políticos. Alguns já estão presos há dez anos, mas não há muitos aqui. A maioria, aliás, já morreu. Depois você tem os russos, que, como acabei de dizer, têm na maioria triângulos pretos. Na verdade, são justamente estes os presos políticos, pois sua recusa em trabalhar é um ato político. A pior ralé em geral são os verdes. Se o triângulo tiver a ponta para cima, são criminosos profissionais; a ponta para baixo significa criminoso de ocasião. No campo eles podem se passar por grandes senhores. Alguns deles, na posição de *Lagerälteste*, carregam na consciência a morte de centenas de companheiros de prisão. Mas mesmo isso é tão aleatório. Conheci um alemão de Colônia que, em 1936, espalhou panfletos políticos com um avião – antinazistas, naturalmente. Ele foi pego e ficou provado que havia usado dinheiro de uma organização ilegal para imprimir os panfletos. Então recebeu um triângulo verde – criminoso. Se tivesse impresso de seu próprio bolso, teria sido um triângulo vermelho."

Nesse meio-tempo tinha anoitecido e Hans precisava dar uma olhada no andar de cima. Era um sótão grande, 300 homens estavam ali, todos no chão de cimento. Eram todos judeus. Alguns dias antes, um judeu fora pego urinando numa vasilha de comida. O homem tinha um problema de bexiga e não aguentava segurar por muito tempo, e às vezes eles não podiam sair por metade do dia. Por isso um amigo de um bloco de trabalho lhe trouxera uma vasilha à parte, porém essas desculpas não foram aceitas. Bateram nele até não poder mais, e como sempre: se um judeu fizer algo errado, todos os judeus são porcos. O supervisor de bloco aproveitou a oportunidade para colocá-los todos no sótão, para abrir espaço para os poloneses nos quartos, que agora tinham que ficar no máximo em dois numa cama.

No sótão, havia uma desordem horrível; um pavimento de cimento áspero, o teto pingava e duas janelinhas tinham que fornecer ar fresco para 300 homens. Ficavam deitados no chão em suas roupas de linho, e para cada dois homens, havia uma coberta. Durante o dia, eles se amontoavam em algumas vigas ou tinham que ficar em pé, pois não havia nem cadeiras nem mesas. Já estavam assim havia cinco semanas, pois por causa da escarlatina não podiam deixar o bloco.

Os doentes do bloco ficavam amontoados num cantinho cercado com tábuas. Era terrivelmente sujo. Mesmo assim era uma vantagem, pois ali não eram pisoteados pelas centenas que trançavam pra lá e pra cá no sótão. Mas se um polonês ou um russo ficava doente, surgia de novo todo tipo de possibilidades. O paciente preferia, é claro, permanecer na cama no andar de baixo do que ir para o canto sujo dos doentes no andar de cima, mas os doentes não podiam ficar nos quartos por causa do perigo de contaminação. Nunca era possível dizer de antemão se aquela angina com 40 graus de febre não era escarlatina. Então o paciente mexericava um pouco com o veterano do pavilhão, que por sua vez falava com o supervisor e não importa se Hans agora comandava, o doente permanecia onde estava.

Certamente, do ponto de vista higiênico, ele não deveria ficar no quarto, mas de seu ponto de vista era compreensível que o doente não quisesse ir para o sótão, onde não poderia descansar nem receber ar fresco e muito menos receber o tratamento que tinha no andar de baixo.

Praticamente não havia ataduras, e medicamentos ainda menos. Em dois dias, Hans recebeu 30 aspirinas para 1.200 pessoas. E quantos doentes não havia nessa massa amontoada. Custou muito esforço conseguir esses 30 comprimidos. Para isso teve que ir até Dering, o chefe do hospital.

Então os homens ficavam largados em seu canto. Diversos tinham febre alta e não conseguiam comer durante dias por causa da dor de garganta. Claro, havia uma cozinha de dieta no hospital, mas para isso era preciso uma carta do supervisor de bloco e ele não tinha tempo para isso. Mesmo assim foi muita burrice de Hans ir reclamar para Dering no dia seguinte sobre a situação no bloco e a sova que recebera do supervisor.

Primeiro Dering se enfureceu, disse que era uma vergonha, um insulto para todo o hospital que um supervisor esmurrasse um médico, mas então o próprio supervisor apareceu. Falaram alguma coisa em polonês e Dering se acalmou. Iria investigar o assunto.

Uma hora mais tarde Hans foi chamado por ele:

"Vejo que você não tem tato suficiente para esta situação. Vai voltar para o bloco onde trabalhava antes."

Quando voltou ao Bloco 9, eles já estavam sabendo. Zielina, o médico-chefe riu dele por ter se deixado levar daquela maneira.

Hans foi até Valentin, chefe do ambulatório:

"Você ainda teve sorte. Dering poderia ter comunicado imediatamente ao *Lagerarzt*, então você teria ido direto para uma mina de carvão. Ah, grande diferença, ser liquidado hoje ou semana que vem."

"O que você quer dizer?"

"Ah, você não sabe de nada, é claro, bobinho. Não ouviu falar da redução de enfermeiros, perdão, do transporte de enfermeiros?"

"O que é isso?"

"Semana que vem, 60 enfermeiros irão para Buna. Pelo que dizem, será criado um novo hospital."

"Isso não é tão mau", achou Hans.

Eddy quando estudante. Por volta de 1939

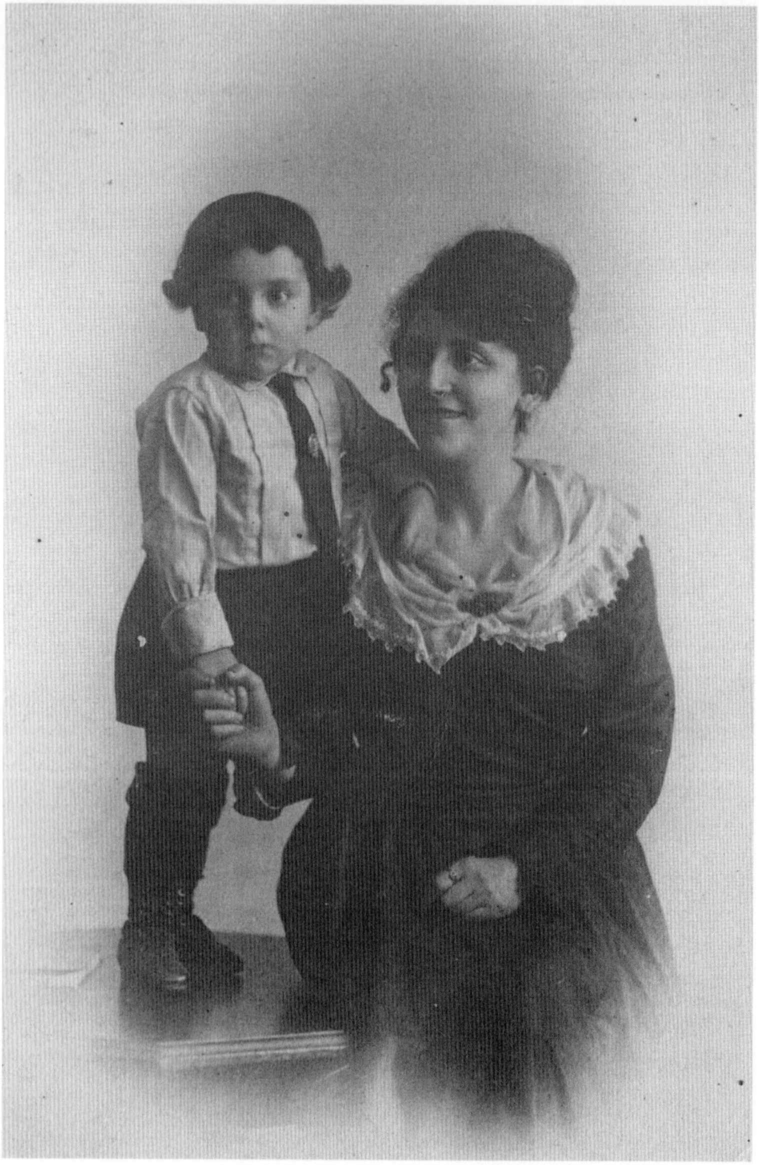

Eddy com sua mãe, Henriëtte de Wind-Sanders. Final de 1918

Jantar de família em homenagem aos 50 anos de casamento dos avós de Eddy.
Ele aparece atrás, no centro. 1933

Antes da guerra, Eddy costumava velejar em lagos e canais ao redor de Haia.
Ele escreve sobre isso com muita melancolia quando está em Auschwitz. Final dos anos 1930

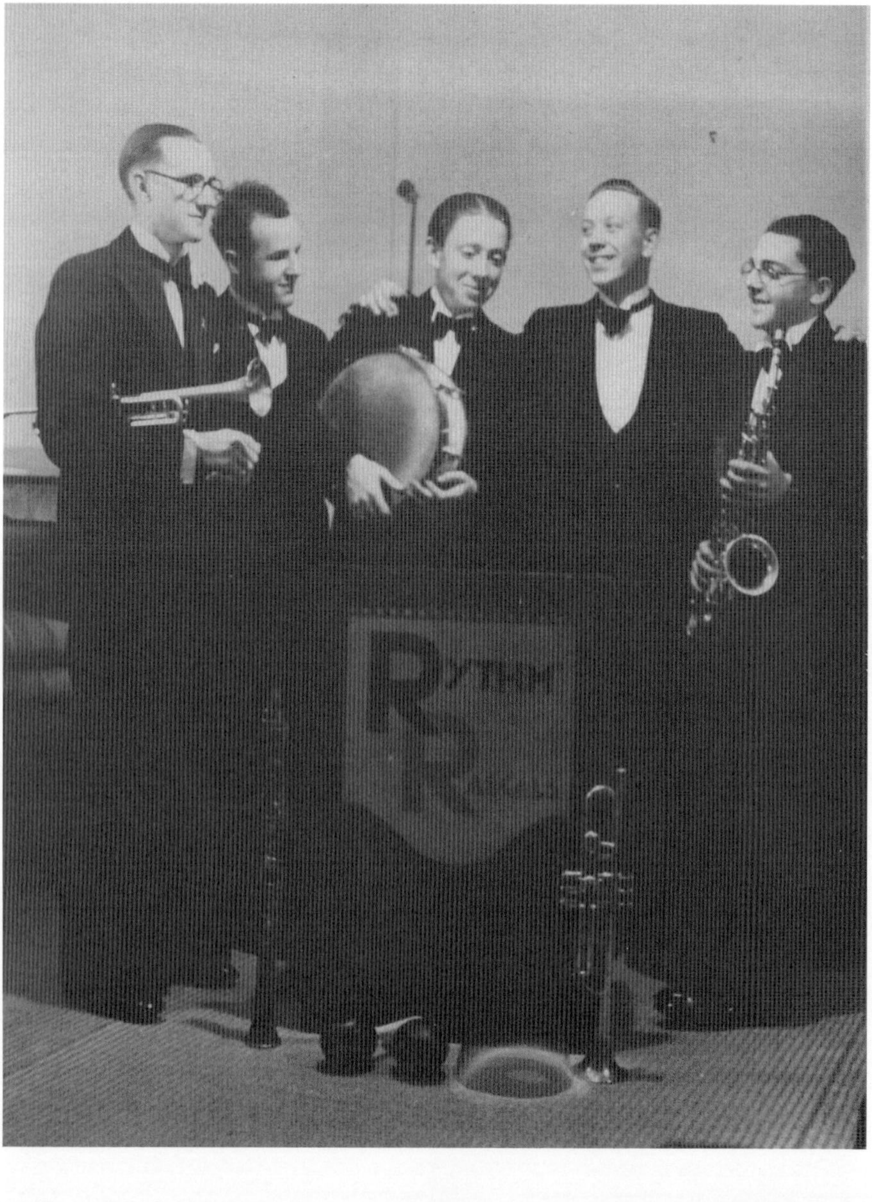

Eddy tocava clarineta e saxofone e se apresentava regularmente com a banda de jazz Rythm Rascals. Final dos anos 1930

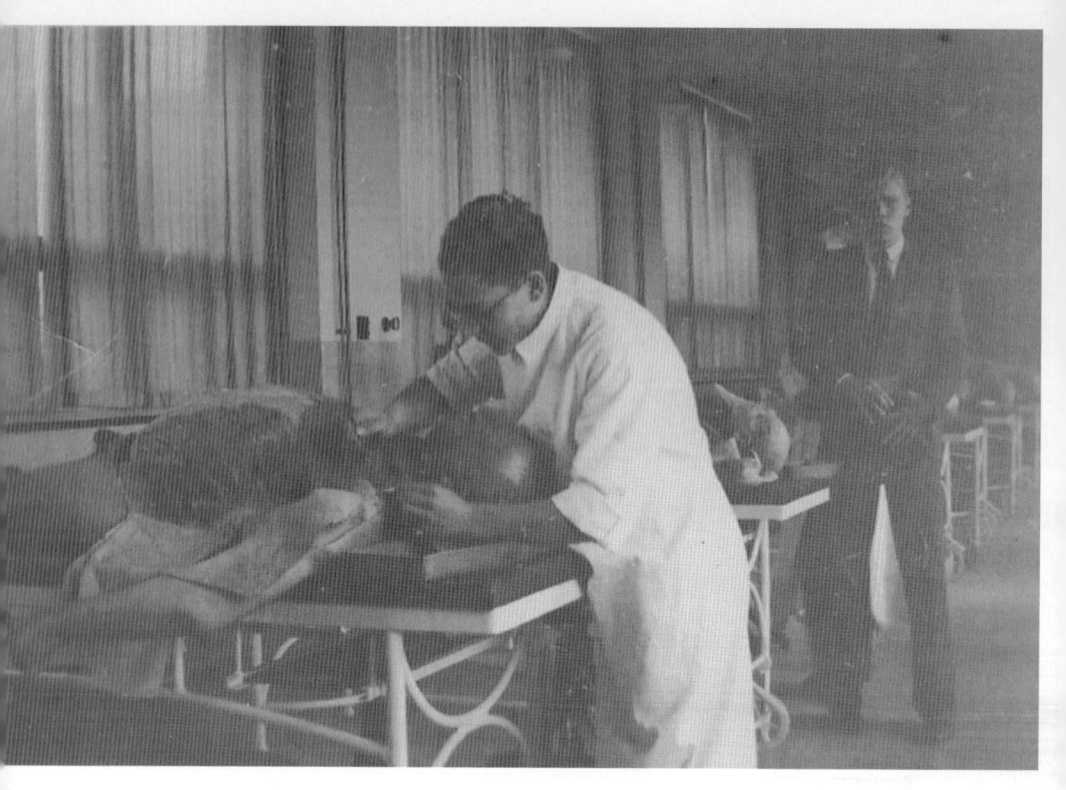

Eddy estudou Medicina em Leiden antes da guerra. Nesta foto ele está dissecando um cadáver durante uma aula de Anatomia. Após a guerra ele se especializou em psiquiatria. A universidade em Leiden foi fechada pelos alemães no final de 1940. Eddy foi o último estudante judeu a se formar

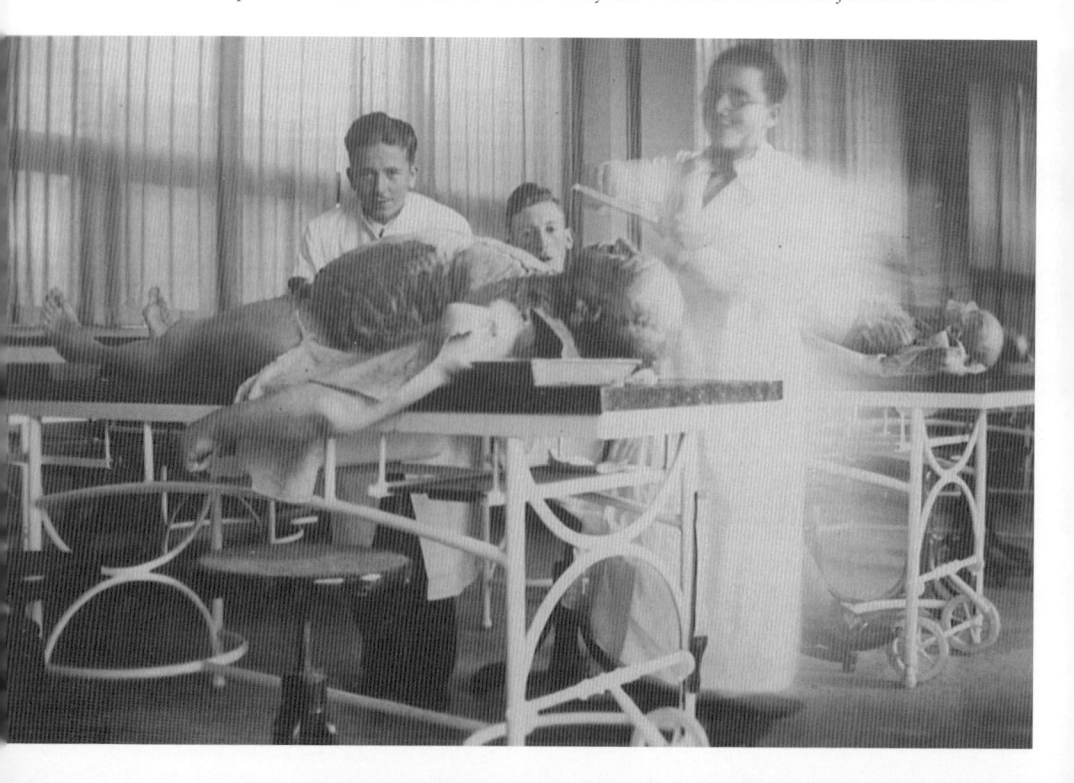

Foto de casamento de Eddy e Friedel em Westerbork.
Na foto não há familiares, mas cidadãos notáveis, colegas e amigos do campo

Capa original do caderno em que Eddy escreveu *Última parada: Auschwitz*

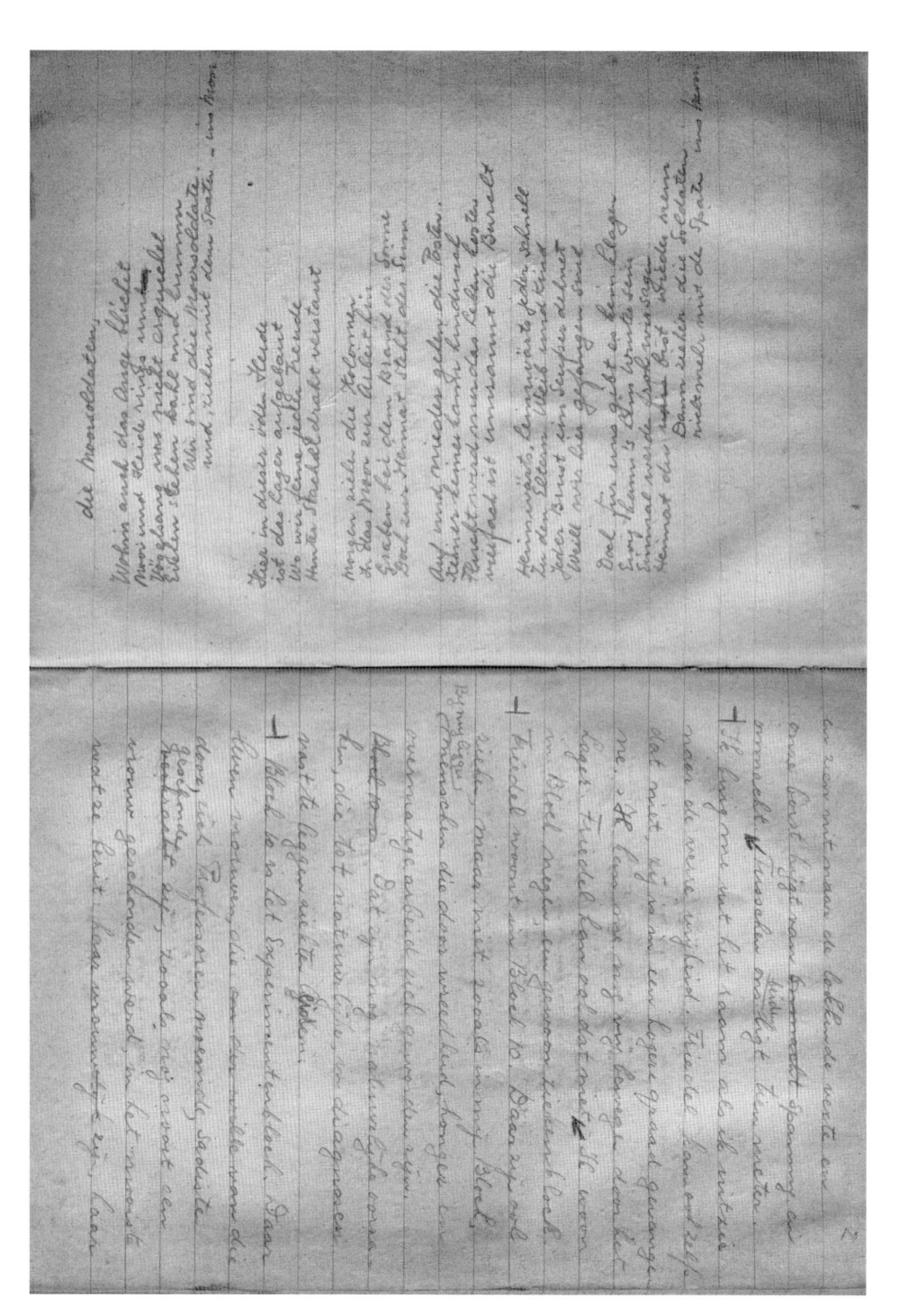

Folha de rosto do original

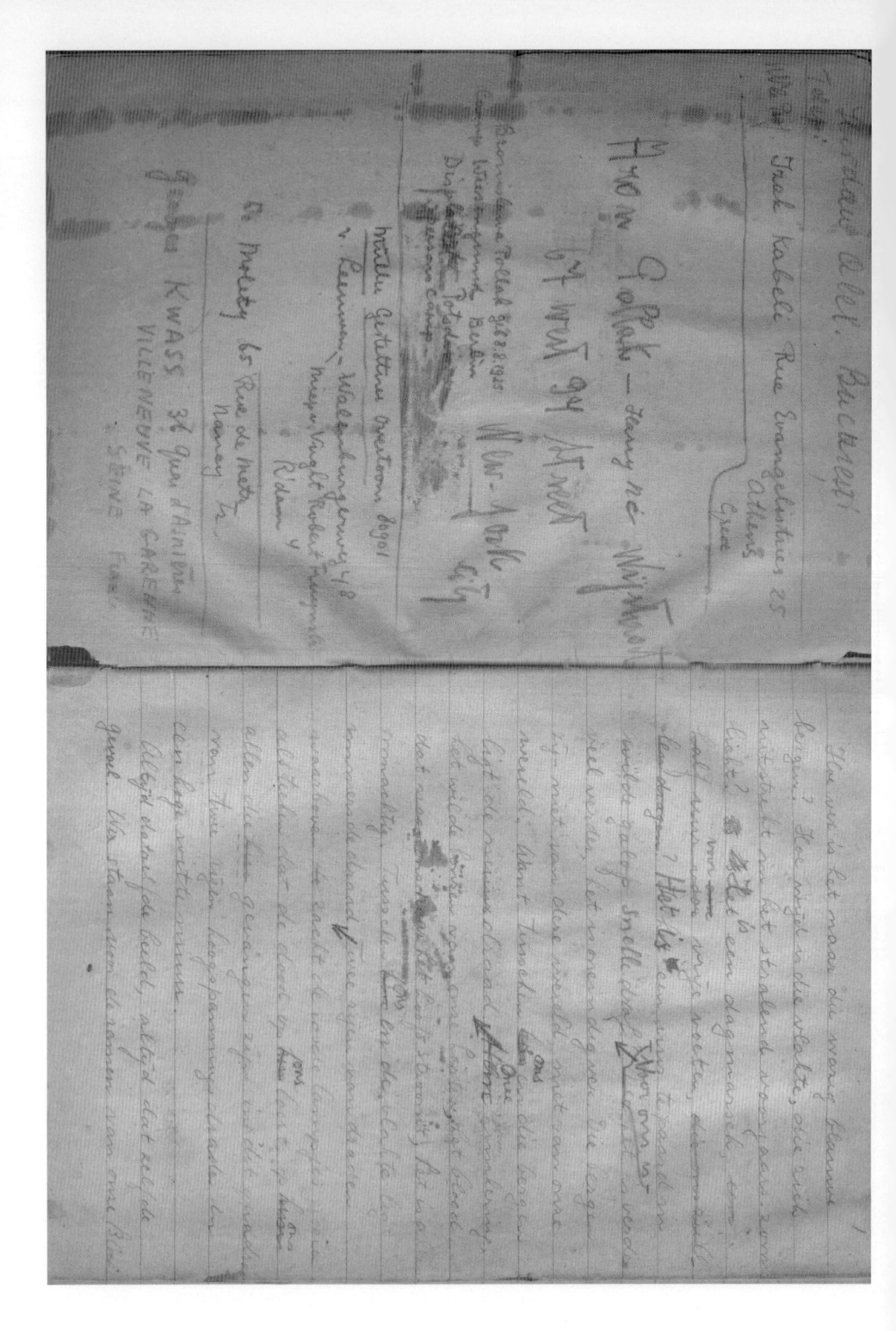

Primeiras páginas de *Última parada: Auschwitz*. Na segunda página está a frase de abertura: "A que distância ficam aquelas montanhas azuis?"

Carta de Eddy à Cruz Vermelha, escrita na Ucrânia em 23 de maio de 1945, pouco depois da libertação da Holanda. Ele inclui uma carta à parte, endereçada a Friedel, na esperança de que ela ainda estivesse viva e que a Cruz Vermelha pudesse encontrá-la

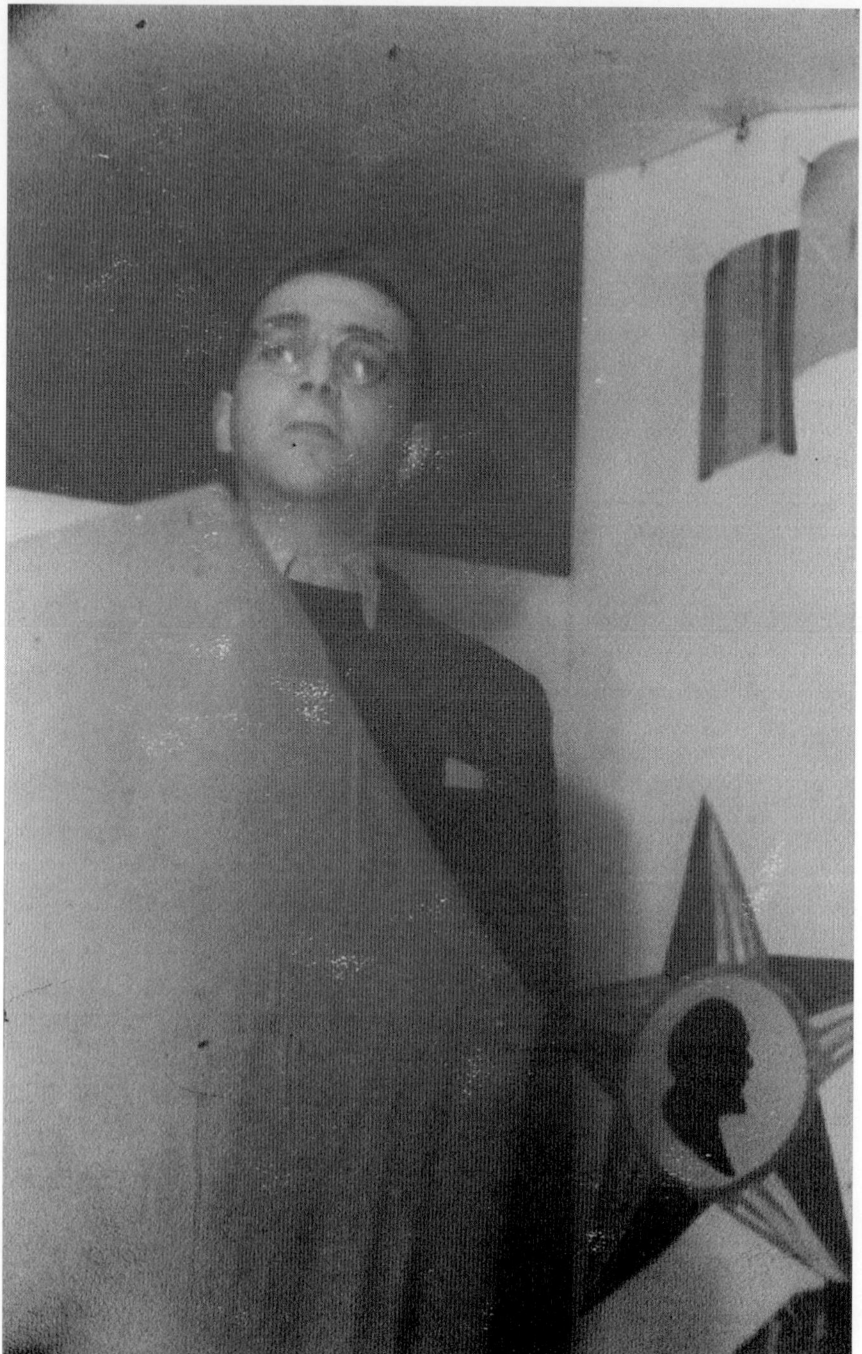

Em um discurso, Eddy agradece ao Exército Vermelho pela libertação de Auschwitz. Após 27 de janeiro de 1945, um grupo de sobreviventes de vários países europeus, com quem Eddy passou alguns meses, permaneceu em Auschwitz. As mulheres na foto acima eram da antiga Iugoslávia. O texto do discurso está escrito no caderno que ele trouxe consigo de Auschwitz

© Jeroen van Ammelrooij

Eddy aos 70 anos, em 1986

"Rapaz, como você é ingênuo", zombou Valentin. "Significa que vão para Buna como enfermeiros e médicos, mas, você verá, nenhum irá para o hospital, ou irá como paciente, depois de ter trabalhado até quase morrer!"

Isso não parecia bom. Fazia relativamente pouco tempo que Hans estava no campo. Aqueles que estavam havia muito mais tempo não seriam mandados embora antes dele. À noite, ele conversou sobre a situação com Eli Polak e Klempfner, um colega tcheco do pavilhão superior. Klempfner já tinha passado quatro anos em diferentes campos e conhecia a situação como a palma da mão.

"Não se desespere", ele disse. "Dez deste bloco terão que ir, mas você vai ver que vocês não estarão entre eles."

"Como sabe?"

"Zielina é quem faz a lista e ele gosta muito de vocês dois."

"Bem, de mim talvez ele já não goste tanto, depois da bela figura que fiz no bloco de quarentena", brincou Hans.

"Não diga isso, você não fez má figura. É claro, você foi honesto demais e teve muitos escrúpulos. Você quis defender os doentes e com isso desagradou o supervisor, porque isso deu trabalho demais para ele. Mas Zielina é um sujeito bom e sabe muito bem como são as relações. Você também não pode pensar que todos os poloneses são farinha do mesmo saco."

Klempfner tinha razão. Alguns dias mais tarde, Zielina disse oficiosamente a Hans que tudo estava em ordem; ele e Eli seriam mantidos, porque ele achava os holandeses pessoas corretas. Entretanto, também houve vítimas entre os holandeses: Tony Haaksteen e Gerard van Wijk. Era compreensível que Zielina não pudesse mantê-los. Eles não eram médicos e estavam havia menos tempo no campo. Tony não era popular; era nervoso, gritava com os pacientes e tinha conflitos frequentes com outros enfermeiros.

Hans achou uma pena que Gerard não ficasse. Era um jovem carinhoso e inteligente. Ele estava bastante fraco e já tinha tossido sangue algumas vezes.

"O que eles vão fazer conosco?", perguntou Gerard.

"Bem, vocês serão mandados para aquele hospital novo lá."

O próprio Hans não acreditava naquilo, no entanto não iria ajudar se inquietasse o jovem ainda mais.

Os enfermeiros partiram numa quarta-feira. Tinham tomado banho e vestiam outras roupas. Era um mau sinal, pois enfermeiros ou médicos que de fato fossem permanecer em sua "profissão" não precisavam trocar sua roupa limpa por farrapos.

Na quinta-feira à tarde, quando Hans foi ao Bloco 10 com um caldeirão de sopa, reinava ali certo pânico. O professor Samuel tinha sido levado de manhã, durante o trabalho, a mando de Wirths,[1] o médico da SS que era superior a todos os *Lagerarzten* de toda a Auschwitz. A história era que ele deveria ir para Birkenau a fim de escolher lá novas mulheres como material para os experimentos. As moças acreditavam que agora as moradoras mais antigas do bloco seriam enviadas para comandos externos. Tinham se submetido aos testes e o resultado seria que, ainda assim, morreriam numa cova de cascalho.

Hans julgava estar mais bem informado. Ele acalmou Friedel:

"Há algumas semanas existe um conflito entre Samuel e Clauberg.[2] Parece que Samuel quer continuar protegendo seu pessoal e pediu a Wirths se quarenta mulheres 'meritórias' que trabalhavam no bloco e que já estavam em sua lista poderiam ser poupadas dos experimentos de Clauberg."

[1]. Eduard Wirths, chefe dos médicos da SS em Auschwitz de setembro de 1942 a janeiro de 1945. (N.T.)
[2]. Carl Clauberg, ginecologista alemão que conduziu experimentos sobre raios X e esterilização em Auschwitz. (N.T.)

"Pode ser verdade", disse Friedel. "Há tantas intrigas por aqui. Ontem, Brewda teve uma briga enorme com Sylvia, a assistente de Clauberg, uma garota podre. Um mês atrás ela já tinha dito que também chegaria a vez dos funcionários. Quando pessoas assim estão num campo há dois ou três anos e conquistam algum poder, esquecem que também são prisioneiras."

"Quem é Brewda?", perguntou Hans.

"É a nossa atual supervisora de bloco. É médica, mas sabota as experiências no que pode."

Hans foi para o andar de cima do Bloco 9 para ouvir a opinião de Klempfner.

"Se assassinarem Samuel em Birkenau, Brewda também não permanecerá na função de supervisora", acreditava Klempfner.

"Então eles também vão usar os funcionários nas experiências?"

"Talvez sim, mas isso é tão mau? Melhor do que a primeira sugestão, que Samuel fosse buscar novas cobaias. Melhor levar injeção do que ser mandada para Birkenau. Os experimentos não são tão ruins assim. É verdade que as moças gregas foram terrivelmente maltratadas, mas entre as cobaias de Clauberg só ocorreu um caso esporádico de morte e alguns de infecção peritoneal, e não sabemos que porcentagem ficou estéril."

Hans concordava com Klempfner que tudo era melhor que Birkenau. Mas não podia compartilhar sua opinião de que os experimentos "não eram tão maus".

"Ainda que danificassem um só fio de cabelo daquelas mulheres, já seria um crime tão grave quanto a pior intervenção, pois o caráter do crime não é determinado pela gravidade das experiências, mas pela coerção sob a qual são executadas. Aliás, se o experimento não fosse grave, não precisariam forçar prisioneiras a participar. Se desejo fazer um exame inofensivo, posso encontrar pessoas que queiram colaborar em uma clínica normal. O fato de usarem prisioneiras já é uma prova de que algo está errado. O progresso capitalista muitas vezes funciona economicamente à custa dos trabalhadores. Mas que a IG-Farben[3] queira lucrar à custa dos corpos das nossas mulheres, nem o capitalismo moderno aprovaria isso em nenhum outro país além da Alemanha."

"Você tem razão", respondeu Klempfner. "De fato chama atenção que, para proteger o grande capital, de quem são o veículo, os fascistas tantas vezes se baseiem em métodos pré-capitalistas."

"Como assim?"

"Veja a sua máquina de poder. Funciona de maneira puramente feudal. Aqui no campo você vê isso de forma estilizada. Um campo é uma espécie de ducado. O *Lagerälteste* é o suserano por graça da SS. Exerce seu poder dando privilégios. Os supervisores de bloco são os condes, podem se 'organizar' como potentados menores devido à sua posição. Seu pessoal é como a baixa nobreza que aterroriza o país. Veja, por exemplo, o porteiro do nosso bloco. Em um hospital comum, o porteiro recebe salário pelo trabalho que realiza. Aqui ele é uma pessoa com um pequeno poder. Exige um cigarro ou mais de cada visitante que ele deixa entrar. Cada serviço que ele realiza para um paciente tem que ser pago. Assim ele consegue o que deseja. Apenas a grande massa, que não tem posição de poder, morre por 1 litro de sopa ou uma porção de pão. O mais violento curto-circuito imaginável entre poder e justiça. Completamente antidemocrático, feudal."

No momento em que Hans queria descer, ele foi chamado:

"Olá, Van Dam, você também está aqui?"

---

3. Abreviatura de *Interessen-Gemeinschaft Farbenindustrie AG*, companhia fundada em 1925 pela fusão de um conjunto das maiores companhias químicas da Alemanha, que já trabalhavam juntas desde a Primeira Guerra Mundial. (N.T.)

Ali ao lado, no segundo andar de um beliche, estava deitado um jovem alto, magro até os ossos, fraco demais para se levantar na cama.

"Lex, rapaz, desde quando você está aqui?"

Era Lex van Weren, o trompetista de jazz com quem Hans uma vez havia tocado.

"Você sabia que Jack de Vries também está aqui?", contou Lex. "Trabalha em um dos comandos de mina, e Maurice Kleef está na orquestra de Birkenau."

"Como é possível?"

"Em Birkenau, os judeus podem participar da orquestra, há vários holandeses conhecidos lá, Johnny and Jones e Han Hollander também estão lá."

Conversaram sobre velhas lembranças e Lex contou como era em Jawischowitz, na mina de carvão:

"Tínhamos que, em dupla, produzir 40 carretas por dia, é o mesmo que um trabalhador civil, um mineiro profissional. Mas eles conhecem a profissão, e se você não sabe como lidar com uma picareta, não consegue nenhum carvão. Isso significa apanhar. No primeiro dia, produzimos apenas 5 carretas. Foi tão pouco que foi considerado sabotagem. Mas posso lhe garantir: você não consegue tirar mais. Naquela noite fomos mandados para o *Stehbunker* como punição. É um porão muito baixo para ficar em pé, mas também não se pode deitar, porque tem alguns centímetros de água no chão. Você precisa ficar a noite inteira curvado na maior escuridão. Dá para imaginar o quanto você se sente mal no dia seguinte e é impossível trabalhar. Então recebe mais surra e outras punições. Não há quem aguente. Os civis têm alimentação normal com o suplemento de mineiros. Nós tínhamos que viver com uma porção de pão e 1 litro de sopa. Quando os mineiros chegam em casa, podem descansar, vão dormir ou dão uma passada num bar. Mas para nós tinha chamada, de novo ajoelhar, deitar de bruços na lama, levantar, deitar, e isso durante horas seguidas. Depois para a gaiola, 8 homens em um beliche, nenhum descanso, frio. Você é acordado às 4 da manhã e aí recomeça tudo de novo desde o início. Você nem tem chance de ficar doente. Diarreia? Vá trabalhar. Febre? Vá trabalhar, até que esteja perto da morte. Sem falar nos riscos lá embaixo! Não há absolutamente nenhuma medida de segurança nos túneis onde os prisioneiros trabalham. Toda hora tem acidente. Burrice, porque a própria produção deles sofre com isso. Chegamos da Holanda meio ano atrás com mil pessoas. Trezentos homens foram selecionados. O resto iria para a câmara de gás. Nós, os 300, fomos para a mina. Agora só sobraram uns 15 vivos. Eu tive sorte: um dia o *Lagerälteste* apareceu com uma trompa antiga. Não sei como ele conseguiu, mas ele perguntou se era verdade que eu tocava trompete. Então toquei para o *Rapportführer*: 'Noite feliz, noite de paz'. Tive que pensar na noite no *Stehbunker*. Enfim, depois virei zelador. Não precisei mais ir para a mina, tinha que limpar o barracão, buscar pão e tarefas assim. De vez em quando tocar um pouco para os oficiais, daí recebia um pouco mais de comida. É, a gente tem que encontrar algo particular aqui, senão morre sem misericórdia."

"Verdade, verdade, meus senhores."

Uma voz afetadamente distinta veio da cama do terceiro andar.

"Que tipo de brincalhão é você?", perguntou Hans olhando para cima.

"Eu me chamo Menko e realmente sou brincalhão, mas faço piada com a SS. Estou preso desde janeiro de 1941."

Hans olhou incrédulo.

"Em janeiro de 1941 ainda não havia transporte para a Polônia."

"Não, fui pego com os Gigantes.[4] Fui condenado à morte no processo dos Gigantes, em 41."

"O que você ainda está fazendo aqui, então?", outro holandês também entrou na conversa.

"O senhor também é um brincalhão, meu caro, mas um bem sem graça. Mesmo assim vou responder. Passei por pelo menos doze prisões e um número ainda maior de campos de concentração. Mas como acontece tantas vezes com quem é condenado à morte, você espera pela sentença e ela não vem. O pior foi em Buchenwald, lá estão centenas de condenados à morte. De vez em quando sai um transporte para Natzweiler, o campo da neblina."

"Por que chama campo da neblina?"

"Paciência, meus senhores. Em Natzweiler acontecem as execuções 'entre a noite e a neblina', na alvorada, uma coisa mística pagã. Os nobres alemães estão cheios desses traços atávicos. Enfim, eu deveria ir com um transporte para Natzweiler. Mas os prisioneiros políticos tinham posições-chave em Buchenwald, na administração e coisas assim. Quando foi preciso sair um transporte de trabalhadores qualificados para Sachsenhausen, a antiga Oranienburg, colocaram ali o máximo de condenados à morte. Depois de muitíssima peregrinação, acabei chegando por acaso a Auschwitz e estou muito bem aqui. Semana passada fui apontado durante a seleção com meu miserável físico de *Muselmann*. No dia seguinte, foram buscar os pobres-diabos, mas eu fiz de novo uma piada. No arquivo daqui não estou registrado como judeu, mas sob custódia protetora. Não pertenço ao exército dos milhões sem nome que aqui serão transformados em fumaça. Existem atas sobre mim, corre um processo. Só posso morrer por execução e

---

4. *De Geuzen* (Os Gigantes), um dos primeiros grupos de resistência organizados na Holanda durante a Segunda Guerra Mundial. (N.T.)

aqui em Auschwitz também não vão me executar. Eles esperam que eu, como judeu, morra naturalmente."

"Coisas assim acontecem com frequência", comentou Hans. "Em Birkenau, tem um certo Boas, um professor de francês de Amsterdã. Ele trabalhava como intérprete com documentos falsos junto aos operários na Costa do Canal. Foi detido com dois amigos: acusados de espionagem e todos foram condenados à morte. Os amigos, que omitiram que eram judeus, foram fuzilados imediatamente, mas Boas admitiu ser judeu. O oficial da SS disse a ele: 'Você, judeu, vai para Auschwitz, lá você ainda vai suplicar de joelhos para morrer, é assim que vai ser para você'. Hoje Boas está num bom comando e, se continuar com sorte, salvará sua vida justamente por ser judeu."

Agora que tantos enfermeiros haviam partido, Hans tinha muito trabalho. Fatigava desde o gongo da manhã até a hora de dormir. De manhã cedo, assim que levantava, tinha o comando da caldeira: buscar chá, distribuir, lavar a louça e arrumar a cama. Nesse meio-tempo, o comandante de sala já havia começado a esfregar o chão, pois no máximo às 8 horas tudo deveria estar limpo. Então vinha o vigilante sanitário para fiscalizar.

Depois havia todo tipo de pequenas tarefas a fazer no bloco. Um dia, o corredor precisou de uma grande faxina e ele passou a manhã inteira derramando baldes de água, areando e esfregando; outro dia, foi ajudar o *Scheissmeister* quando seus banheiros precisavam de limpeza pesada. Noutra ocasião, descarregar carvão ou exterminar os piolhos na sala do piso superior. Era trabalho pesado, pois no bloco inteiro, com seus 400 doentes, havia apenas

30 enfermeiros e, destes, a metade era de "eminentes": poloneses, alemães imperiais e números baixos que não tinham outra preocupação além de "surrupiar" o máximo de comida possível. Sobraram somente uns 10 para o trabalho pesado. Então chegava a hora da sopa do meio-dia, com uma repetição dos rituais da manhã.

Um dia, depois da sopa, veio um mensageiro do Bloco 21: comando funcional. Saíram com 30 homens, dessa vez sem carreta. Foram para o velho crematório, que ficava a 200 metros do campo. Não estava mais em uso. Desde que todo o extermínio foi organizado em Birkenau, havia apenas mortes "normais" em Auschwitz, os poucos corpos eram levados à noite para os fornos de Birkenau.

Em um dos cômodos do crematório, havia enormes pilhas de latas; urnas de poloneses cremados ali. Ao contrário dos judeus, os "arianos" eram cremados individualmente. Sobre o corpo era posto um número de pedra e a cinza colocada numa urna de lata. A família recebia então a notícia da morte e podia requisitar a urna. Mas, com o passar dos anos, 40 mil urnas ficaram para trás e agora precisavam ser levadas para outro lugar.

Os homens formaram uma longa carreira atravessando os porões, onde ficavam três grandes fornos, e jogavam as urnas uns para os outros como se fossem sacos de pão. Nunca tantos mortos tinham passado pelas mãos de Hans como naquelas poucas horas. As latas estavam enferrujadas e, quando uma caía no chão, se arrebentava. Isso não incomodava: um dos rapazes tinha uma vassoura e varria tudo num montinho. Quem ainda requisitaria isso?

Voltaram para o bloco perto da hora da chamada, que durou apenas alguns minutos. A postos, o vigilante sanitário chegou, anunciou o supervisor:

"Bloco 9 com 31 enfermeiros alinhados, nenhum doente. Então o vigilante acenou e eles puderam se retirar."

Depois da chamada, Hans tinha que ir para o andar de cima para ajudar o doutor Valentin no ambulatório. Havia uma enorme confusão na escada. Zielina, nervoso como sempre, vociferava com um homem que queria ir ao banheiro sem os tamancos – descalço, portanto, o que era rigorosamente proibido. Em seu acesso de cólera, ele esbofeteou o sujeito, mas Zielina tinha bom coração e quando o homem desatou a chorar, ele próprio ficou mais transtornado que sua vítima. Correu para baixo e voltou com um pedaço de pão, deu ao homem pão caseiro de seu farnel. Os anos de campo de concentração não deixaram de imprimir sua marca em Zielina, mas não conseguiram corrompê-lo.

No ambulatório, Valentin já estava aos berros. Ele era meio judeu e tinha sido médico da marinha no passado. Não era mau, mas era um verdadeiro prussiano. Estourava com todo mundo, assim que tivesse uma ocasião para isso, porém quando você olhava atônito ao redor, ele caía na gargalhada.

"Ah, você também veio dar uma olhada? Lá na Holanda com certeza vocês só têm capachos de palha na porta. Por isso deixam sempre a porta aberta. Seu ingênuo, por acaso pensou que os enfermeiros foram para o hospital em Buna? Eu já recebi notícias. Estão todos no comando externo. Enfim…" E para os vários médicos que vieram para ajudá-lo com as ataduras: "Venham comigo, vou mostrar uma coisa para vocês".

Eles foram até um leito onde estava um paciente que tinha soluços terríveis.

"Ele já está assim faz três dias", contou Valentin, "e não importa o que eu faça, nada ajuda. Além disso, ele está com febre alta, 40 graus à noite já faz uma semana. O que vocês acham que é?"

Eles refletiram por um instante.

Hans sugeriu:

"Pode ser meningite, na meningite frequentemente se vê sintomas de irritação, como os soluços."

"Errado", disse Valentin. "É uma febre tifoide sem vermelhidão, como em geral se vê. Ele veio de um campo infectado."

"Então não é perigoso mantê-lo aqui no ambulatório?", indagou um dos franceses.

"Ah, não, no momento não temos piolhos aqui e ele está bem desinfetado. Aliás, não penso em relatar a doença. Não seria a primeira vez que um bloco inteiro iria para a câmara de gás depois de ter um caso de febre tifoide. Lembrem de ficar de boca fechada."

Depois começou o desfile no ambulatório. Os doentes entraram pela porta de trás com as camisas levantadas ou sem elas, de acordo com o lugar que deveria ser enfaixado. Eram com frequência feridas horríveis: furúnculos e abcessos, e o pior era que tudo tinha que ser enfaixado com papel. Depois de meia hora, o ambulatório fedia tanto que mal se podia suportar. Além disso, tudo estava sujo e engordurado de Mitigal, o remédio contra sarna, um dos poucos medicamentos disponíveis.

De repente, Eli entrou correndo:

"Vocês sabiam que Kalker está morto?"

Eles ficaram em choque.

"Então não ajudou mesmo?", perguntou Hans.

"Não, era muito caro. Precisávamos de muito mais sulfamidas para ele, mas nenhum dos holandeses tinha provisões suficientes para pagar tanto."

Eles continuaram conversando, até que Valentin estourou:

"Guardem essas conversinhas para a hora do chá. Exatamente como faziam em casa, também tinha que arcar com todas as responsabilidades lá, mas agora agradeço por isso."

E lá veio o supervisor de bloco. Precisava de quatro homens. Hans foi com ele. Foram com o vigilante sanitário até o Bloco 21 e pegaram lá uma cadeira de exame que deveria ser levada para o bordel. Em frente ao bordel, havia um rebuliço. Uma longa fila de alemães imperiais e poloneses. Judeus não podiam entrar.

Os serviços ainda não haviam começado e as mulheres estavam amontoadas no andar de cima argumentando com o médico e o enfermeiro que faziam a supervisão. O médico tinha que estar presente quando os homens entrassem e pagassem seus marcos – marcos que recebiam como bônus no trabalho. Ele lhes dava uma injeção e um carimbo no braço esquerdo e, quando saíam de novo, uma injeção e um carimbo no braço direito. Um soldado da SS ficava na saída controlando se todos tinham os dois carimbos. Assim se evitava a disseminação de doenças venéreas.

Uma das mulheres puxou a orelha de Hans:

"O que você está fazendo aqui, rapaz, você não tem permissão para entrar, tem?"

"Faça o seu trabalho, estou aqui para fazer o meu", zombou Hans.

"Sei, sei", ela respondeu. "O trabalho liberta, crematório na certa!"

Quando voltou ao bloco, já era tarde da noite e, como sempre, antes de dormir Hans ainda tinha que varrer o quarto. Mas antes que terminasse chegou o supervisor e vociferou porque a luz ainda não estava apagada, embora o gongo da noite já tivesse soado fazia tempo. Hans se despiu rapidamente e foi para a cama.

Fora um longo dia, dezesseis horas trabalhando ininterruptamente! E para quê? A paródia da moça do bordel ficou soando por muito tempo em seus ouvidos, até que ele finalmente adormeceu:

"O trabalho liberta… crematório na certa!"

Assim o tempo passou. Hans e Friedel tinham seus altos e baixos. As seleções aconteciam regularmente e a cada vez eles tinham que se lamentar por outros amigos. E não eram apenas os doentes graves e terminais.

Os que trabalhavam no campo também não estavam seguros. A toda hora saíam transportes com trabalhadores de Auschwitz para outros campos. Mesmo os que trabalhavam nos melhores comandos não eram poupados. E em geral tudo era feito rapidamente. Quem suportava o trabalho nas minas? Quem tinha condições de dragar cascalho no rio catorze horas por dia, muitas vezes com água acima da cintura? Quem podia aguentar as surras e quem era imune às infecções?

Chegou a primavera e, com ela, os raros passarinhos. Passarinhos que se arriscavam naquele lugar remoto e frio da Silésia, naquele clima severo ao norte dos Beskides. Mas, com a primavera, veio o sol e o sol já tinha energia de vida. Aquela energia penetrava em tudo. Não havia arame farpado, nem muro, nem soldado da SS que pudesse reter o sol.

Com o sol a vida se renovava nos condenados à morte e nova esperança brotava nos corações, como o verde tenro, libertado dos pequenos botões para receber os raios da nova luz. O ar tinha uma umidade suave, o céu era azul-claro e o ritmo do coração tornava-se mais rápido ao provar a primavera. Era como se o sangue ficasse mais fluido e corresse pelas veias com novo ardor. Era como se a alma vibrasse no corpo, junto com o ar que vibrava sobre a relva verde. Surgiu neles uma emoção, antiga como a história da humanidade, mas agora nova outra vez, após esse inverno de resfriamento profundo da alma.

E quando eles ficavam diante das janelas de seus blocos e procuravam um ao outro – inacessíveis – e as montanhas – inacessíveis –, sentiam-se como um casal humano ansioso pelo paraíso de onde nem mesmo foram expulsos, porque nunca haviam estado lá. Um suspiro profundo e as almas deixavam os corpos acorrentados e corriam para distâncias nebulosas.

E por um instante o campo já não existia mais, os horrores desapareciam, desapareciam os fios e o muro. As almas, em união cósmica uma com a outra e com tudo, iam ondulando sobre o rio e sobre os pântanos em direção àquela magnífica terra azul com um horizonte de promessas. Então eles se entreolhavam novamente e vinha aquela única palavra, que eles não pronunciavam e no entanto escutavam através de todos os metros que os separavam: "Quando?".

Quando seria satisfeito o desejo de liberdade, do amor na liberdade? Juntos e livres, parecia impensável, e um medo horrível lhes atravessava quando pensavam no campo de morte em que estavam presos. E quando a consciência, não mais levada pela fantasia, voltava ao bloco, então os dedos dela se crispavam com furor na grade e as mãos dele agarravam o caixilho, como se num esforço extremo quisessem arrebentar algo, algo que bloqueava tudo.

Então suspiravam de novo, mas era um suspiro diferente do de havia pouco. Era um suspiro cheio de pesar e tristeza por aquela terra de sonho, na qual não acreditavam um dia poder viver.

Naquela noite, Hans se sentiu mal. Foi para a cama logo depois da chamada e pediu a um dos rapazes para pegar um termômetro no ambulatório. Ele mal tinha febre e entendeu que sofria apenas das emoções que a primavera despertara nele.

Mas por que não alguns dias de descanso? Não teria problemas com Paul, ele estava apaixonado. Havia semanas ele ficava na janela de seu quarto e olhava para aquela judiazinha holandesa que era tão simpática com os idosos. Desde que se apaixonara, Paul estava muito bondoso. Não perseguia mais os enfermeiros nem vociferava. Era um amor sincero o de Paul; um amor sincero e compassivo.

Ele tinha formado uma aliança com Hans, que levava bilhetes e encomendas quando ia ao Bloco 10. Paul deixava Hans sem trabalhar tanto quanto possível. Por isso Hans podia tranquilamente dizer que estava doente por uns dias, ninguém o chamaria para se justificar. Através dos carregadores dos caldeirões, enviou um bilhete para Friedel no qual escreveu que tinha pego uns dias de descanso e que ela não precisava ter medo. No dia seguinte, ele recebeu uma longa carta:

Meu querido,

Estou contente por você estar descansando um pouco e por não se cansar tanto. Posso aguentar bem uns dias sem que nos encontremos e sem que você mande comida extra.

Ontem foi um dia especial. Eu tinha pedido muito tempo atrás à supervisora e finalmente pude sair com o comando de ervas. Saímos do campo às 8 da manhã. Andamos muito e também passamos perto de Birkenau. Lá eu vi Lotte Spatel e as outras moças que deixaram o nosso bloco mês passado. Para algumas, os experimentos haviam terminado, para outras, não tinham dado certo. Também havia as que tinham se recusado a se submeter às provas, como Lotte e as comunistas francesas.

Três semanas atrás, 70 foram levadas com o transporte. É terrível ver essas mulheres em Birkenau agora. Como elas mudaram. Estão completamente carecas, de pés descalços, um pedaço de juta amarrado com uma corda cobrindo corpo. Sabe, Hans, já não são mais mulheres, são seres. Seres assexuados. Nossas moças ainda têm boa aparência, mas por quanto tempo isso vai durar?

Falei um pouco com Lotte, ela escreveu às pressas algumas palavras para seu marido, Heini, mas chegou a monitora e lhe deu uma pancada. Então ela continuou a carregar pedras. Você tem razão, se eu fosse para Birkenau, não aguentaria por muito tempo. Já estou tossindo tanto agora.

Foi um dia lindo, nós colhemos ervas no bosque. Camomila e todo tipo de ervas que eles usam para fazer chá. Foi uma alegria sentir a primavera em cada pequeno caule, em cada florzinha. Enquanto aqui no campo tudo é seco e morto, o bosque está novamente cheio de vida, com os passarinhos e os galhos novos brotando nas árvores.

Voltamos no fim da tarde. Eu estava exausta. Também não estou acostumada.

A noite foi terrível, pois ontem à tarde teve tribunal civil. Vieram três carros com "juízes". Foram presos mais de trezentos poloneses numa cidadezinha aqui perto, a população toda. Apenas dois deles foram libertados.

À noite ocorreu a execução. Nós escutamos tudo. Foi no pátio interno do Bloco 11, o bunker fica encostado no nosso bloco. Daquele lado, as nossas janelas foram fechadas com tapumes e a supervisora ficou vigiando para que nós não olhássemos pelas frestas, pois senão eles com certeza atirariam nas janelas.

O humor no nosso bloco ficou pior do que nunca. As zeladoras estavam chiando e a escrivã não parava de bater. Era horrível para elas, é claro, mas agora achavam que tinham que tornar as coisas horríveis para nós também. "Se você tivesse ido para Birkenau, já teria morrido faz tempo", elas dizem, e por isso temos que nos submeter a toda a aspereza delas. Sempre esse sistema de descarregar no outro.

Os tiros começaram às 7 horas. Nós estávamos tão nervosas, a sala estava tão abafada, opressiva, e cada salva que se ouvia nos atravessava a medula e os ossos. Era como se fosse a nossa vez, de tanto que sentíamos.

Comando, salva e, em seguida, arrastar os corpos. E assim por diante. E ainda havia os gemidos das vítimas. Uma menina que suplicava por clemência porque ainda era tão jovem e queria tanto viver. Os homens que gritavam todo tipo de máxima, como: "Morte a Hitler" e "Viva a Polônia". Ah, nos últimos tempos o humor no nosso bloco anda tão ruim. Com certeza por causa da primavera, e além disso a gente fica numa sala com duzentas mulheres na penumbra, só esperando para serem chamadas. E tantas são chamadas. Agora posso lhe contar um pouco mais, porque sei um pouco o que eles fazem. Você sabe dos experimentos de Schumann? Ele pegou garotas gregas de mais ou menos 17 anos. Essas crianças foram colocadas em um campo de ondas elétricas ultracurtas, uma placa na barriga e outra no traseiro, e então os ovários foram queimados, mas as garotas tiveram ferimentos horríveis por causa da corrente elétrica e sofreram dores intensas. Quando sararam disso, foram operadas para ver como o ventre e os ovários, especialmente, tinham queimado.

Slawa me explicou que esse método é uma loucura: eles querem encontrar uma maneira fácil de esterilização para usar em povos como os poloneses, russos e, se for o caso, talvez até nos holandeses. Mas dessa forma as mulheres não só ficam estéreis, também se tornam castradas.

Quando os experimentos terminaram, as garotas foram para Birkenau, um mês depois elas voltaram para as operações de controle. Em seguida, Schumann retirou os ovários para ver em que condições estavam. Imagine só: nove operações em duas horas e quinze minutos. Nesse meio-tempo, os instrumentos não foram esterilizados nem uma única vez. E há também os experimentos de Samuel, sobre os quais você sabe mais do que eu. Ele já usou praticamente todas as mulheres, bem umas quatrocentas. Elas têm muitíssima dor. Enfim, você sabe. Com certeza não é verdade que ele tira apenas um pouquinho de mucosa, porque as mulheres sentem um incômodo enorme e todas têm que levar pontos.

Quando o experimento de Schumann falhou, veio o professor Clauberg. Parece que ele é um famoso ginecologista de Kattowice. As mulheres levam uma injeção, no útero, de uma substância branca que lembra cimento e, ao mesmo tempo, são fotografadas com o aparelho de raios X. Clauberg diz que é para encontrar uma solução que substitua o lipiodol. Na Alemanha de fato não há iodo para ser usado como líquido de contraste para exames de raios X. Se isso é verdade eu não sei, talvez isso também sirva para causar a esterilização de outra maneira.

Bem, chega de falar sobre coisas desagradáveis por hoje. Não fique bravo porque não escrevo sobre coisas alegres, você queria tanto saber sobre tudo. Adeus, querido, bom descanso...

E ainda vieram centenas de outras doces palavras e desejos, que fizeram despertar novamente em Hans aquela grande tentação. Ele pulou da cama e se vestiu. Eram 2h30 e o comando das caldeiras de sopa já tinha terminado. Mas ele queria vê-la, falar com ela por um instante, consolá-la e tentar dar-lhe um pouco de ânimo.

A porta do Bloco 10 estava aberta. A porteira não estava. Hans hesitou por um segundo e então, pela primeira vez, apenas entrou, sem caldeirão. No corredor, viu uma holandesa que foi chamar Friedel para ele. Mas bem quando estavam um diante do outro a porteira apareceu bafejando e começou a gritar. Como é que ele ousava, em pleno dia! Se ela tivesse se mantido calma, teria dado tudo certo, mas ela gritava de tal modo que tinha que dar errado. Hans ficou nervoso. De repente, lá estava Goebel, bem diante de seu nariz.

O dr. Goebel era um sujeitinho enfadonho que usava calças de equitação civis que ficavam péssimas para quem tem pernas compridas e magras. Com seu paletó leve e esportivo, ele dava a impressão de um baixo oficial que conseguiu algo na liquidação. Mas era odiado e temido pelas mulheres.

Clauberg ainda era razoável às vezes e não se importava em poupar uma mulher se ela, por um ou outro motivo, não quisesse as injeções. Mas havia duas semanas Goebel estava lá, e parecia que ele estava no Bloco 10 como uma espécie de controlador. Intrometia-se em tudo e com todos e obrigava todas as mulheres a participar dos experimentos, sem piedade. Ele não era médico, mas um químico da IG-Farben, a firma que pagava pelos experimentos e que tinha interesse nas novas soluções. Goebel era grosso e sarcástico e possuía a típica mesquinhez de todas essas pessoas que não aprenderam a estar na liderança e agora, de repente, tinham ganhado poder sobre outros.

"O senhor por acaso pensa que isso aqui é um cassino?"

Hans geralmente não tinha problemas para inventar uma desculpa, mas naquele momento o ódio eclodiu nele. Tinha tanta dificuldade em se conter e não chutar aquele homem que só conseguia gaguejar sons incompreensíveis.

"Bem, vamos pôr ordem nisso", falou o poderoso e anotou o número que Hans trazia no lado esquerdo do peito. Hans bateu em retirada e não contou a ninguém sobre sua aventura. Na manhã seguinte, Paul foi até ele.

"Rapaz, o que aconteceu com você? O escrivão mandou seu número, você tem que se apresentar."

Apresentar-se significava ir para o portão, onde fica o *Rapportführer*. Ele deveria esperar no corredor do escritório do *Blockführer*.

Kaduk, o *Rapportführer*:

"150822."

"Às ordens."

"Transferência para o comando de punição Birkenau."

Hans ainda sentia tontura quando o homem da SS que deveria levá-lo chegou. Suas pernas eram de chumbo e tinha dificuldade para acompanhar o soldado. Na metade do caminho entre Auschwitz e Birkenau, ficava o viaduto sobre a grande área da estação da cidade de Auschwitz. Depois a estrada seguia uma ramificação lateral da linha férrea e após mais ou menos meio quilômetro eles chegaram ao campo. Os trilhos e a estrada passavam por um portão do prédio principal na entrada do campo e formavam então o traçado central do enorme mar de barracões.

Perpendiculares à estrada de ferro, corriam dos dois lados 8 ou 10 ruas secundárias e em ambas as laterais dessas ruas havia uma fileira de 35 a 40 barracões. O lado esquerdo do campo tinha o nome de FKL: *Frauenkonzentrationslager*.[1] À direita, ficava o assim chamado campo de trabalho de Birkenau. Assim chamado pois na verdade as condições ali eram ainda piores que no FKL. Ali ficavam os crematórios, quatro ao todo.

Chamadas e controles, distribuição de comida e comandos seriam impossíveis de organizar se deixassem todos os 200 mil detentos de Birkenau andar por todo o terreno. Por isso cada rua transversal formava um campo à parte com suas fileiras de barracões de ambos os lados. Todos esses campos eram separados uns dos outros com arame farpado e cada um tinha seu próprio número ou letra. Assim, podia acontecer que marido e mulher, mãe e filha, estivessem em Birkenau e não soubessem da presença um do outro por meses. Pois todos os campos eram mantidos rigorosamente separados e a comunicação – escassa – só existia com os campos adjacentes.

Mesmo assim, o contato entre homens e mulheres, embora muito perigoso, era mais amplo aqui do que no pequeno e mais exposto campo de Auschwitz I. Eles se procuravam e se encontravam nos comandos de transporte de alimentos e em muitas outras oportunidades. Principalmente os *Kapos* e outros líderes tinham com frequência, por meio de sua função, oportunidade de entrar em contato com mulheres. Muitos comandos femininos estavam inclusive sob a direção de prisioneiros do sexo masculino e muitas mulheres se davam por felizes quando tinham um namorado "rico", por exemplo, um dos homens que andavam com os carrinhos de pão e que por isso tinham pão em abundância

---

1. Campo de concentração feminino. (N.T.)

para satisfazer a fome de comida de suas namoradas como agradecimento pela satisfação de sua fome de amor.

Certa noite, Hans encontrou um ex-detento de Buchenwald. Eles falaram sobre a maldade de Auschwitz, onde a degeneração moral dos detentos tinha ido mais longe que em qualquer outro campo.

"Em Buchenwald, depois de muita luta, os prisioneiros políticos conseguiram ter em mãos toda a direção do campo. Houve até alguns soldados da SS que colaboraram com isso. Quando um verde, um criminoso profissional, reclamava demais, ele recebia uma carta dizendo que deveria ir ao posto da SS. Lá ele levava uma injeção e estava resolvido."

"As condições lá são muito melhores que aqui?", perguntou Hans.

"Escamoteação não existe em Buchenwald, só furto coletivo dos armazéns da SS em proveito de todos. Um cozinheiro que rouba alguma coisa da cozinha é morto imediatamente. Alguém que troca cigarros por pão recebe uma punição pesada."

Em Auschwitz, isso era diferente. Lá todo mundo passava o dia inteiro pensando em como poderia roubar o máximo possível e na maioria das vezes à custa de seus camaradas. Lá havia mercados negros completos nos minutos livres depois da chamada.

"Em Buchenwald, o bordel é boicotado pelos presos políticos, nenhum holandês jamais entrou", afirmou o ex-detento de Buchenwald. "Aqui é diferente, todos que não são judeus, e portanto podem entrar no bordel, fazem uso tantas vezes quanto possível das relações ilegais entre homens e mulheres; aqui em Birkenau tem-se a prostituição mais pura."

Hans achou que não era a descrição correta.

"Não se podem aplicar as regras normais de convivência à situação do campo. Se uma moça se dá por um pedaço de pão ou 1 litro de sopa, não se pode julgar isso tão severamente."

"Mas com as prostitutas é exatamente assim, não é?", disse o ex-detento de Buchenwald. "Quantas vezes não acontece de uma mulher ter um filho num relacionamento amoroso fora do casamento e o homem a abandonar? Ela então é repelida por todos os círculos e, para ganhar sua vida e a da criança, só lhe resta a prostituição."

Era perseguição o dia inteiro. Hans estava em um comando de canteiro de obras. Carregavam pedras em longas filas, sem interrupção; às vezes eram dormentes de madeira para os trilhos de trem, depois pesadas vigas de ferro que arrancavam a pele dos ombros. Não levavam tanta surra. O verdadeiro comando de punição não existia mais. De vez em quando, uma pancada ou um chute, mas raramente matavam alguém de tanto bater.

Um ano antes, isso era muito diferente. No trabalho, Hans conversou com um grego que, num desabafo de remorso, contou como certa vez dera chutes em um camarada que já tinha sido espancado quase até a morte. Naquele tempo, a regra no campo era que os mortos não precisavam estar presentes na chamada, mas eram levados para dentro. Assim ele pôde, com um amigo, levar o corpo embora e descansar metade do dia. Uma vez, o grego estava no hospital ao lado de um doente muito grave que parecia estar inconsciente. Ele pegou o pão do homem para comer, mas aí o infeliz começou a gritar. Se tivessem percebido o roubo do pão, o grego teria sido morto. Por isso ele pôs a mão na boca do infeliz e, como este não queria ficar quieto, ele apertou e apertou até que o homem sufocou. Hans perguntou ao ex-detento de Buchenwald o que ele – com sua alta ética do campo – pensava sobre isso. Para Hans, qualquer método para permanecer vivo no campo era permitido, exceto quando fosse à custa de outro camarada.

Um holandês católico, estudante de Medicina, entrou na conversa:

"Um jesuíta certa vez me deu um exemplo: dois homens estão em uma jangada que só pode levar uma pessoa. Um empurra o outro e este se afoga. Há questão de culpa aqui? Não, pois se um dos dois não morresse, ambos morreriam."

Hans achou essa ética bastante oportunista, mas, se necessário, aceitável. Porém esse exemplo não se aplicava ao grego, pois aquele pedaço de pão não salvou sua vida. Ou ele seria obrigado a matar outra pessoa no dia seguinte, e no outro, por um pedaço de pão. Quando se trata de "você ou eu", todo mundo diz "eu", mas não era assim no campo. Era possível ganhar benefícios à custa dos outros, mas não para salvar sua vida. E não havia nenhuma ética – cristã ou humanista – que aprovasse a obtenção de vantagens à custa de grande sofrimento alheio, a conduta do grego era indefensável. Eles não tinham esse tipo de conversa com frequência, pois quando o trabalho terminava e os comandos retornavam, era hora da chamada. Isso às vezes durava meia hora, mas repetidamente levava duas horas ou mais. Era como se fosse primavera por um instante e logo caísse granizo. Então, depois da chamada, uma fila enorme para pegar pão e, em seguida, todo tipo de controle: controle de roupa, para ver se não faltava um botão no terno de gala listrado ou se os sapatos estavam limpos, ou seja, se estavam livres de lama.

Tomando cada um dos fatores separadamente, até que era possível viver em um comando assim. O trabalho era pesado, mas suportável. As surras feriam, mas não batiam para matar. O pão e a sopa eram insuficientes, mas davam para manter uma vida ociosa.

No entanto, a combinação dos fatores: tanto trabalho e surras com tão pouca comida, era insuportável. E o pior: falta de descanso. Trabalho, chamada, controles, buscar comida e quando você finalmente estava num grupo variado com oito homens de toda parte da Europa em uma cela, havia a inútil luta contra piolhos e pulgas. Adormecer, acordar, coçar. E ter que se controlar, ficar deitado, quieto. Deixar os piolhos se encarapitarem, dormir de novo, acordar de novo. Brigar com o vizinho. E aí você está acabado de tanto se coçar, sente o sangue, aquilo se torna um abcesso, por favor não coce mais. Então de novo! Cansaço e nenhum descanso, você se sente profundamente miserável.

À noite, você tem que sair, certas ocasiões até três vezes, por causa da sopa e de um início de insuficiência cardíaca. Então você sobe por cima de três homens e tem que andar algumas centenas de metros até a latrina, um assoalho de madeira com uns 40 buracos. Do lado de fora fica um vigia para checar se ninguém urina ao ar livre. Isso rende uma surra.

Então seu vizinho se faz de prático. É algum camponês dos Bálcãs que surrupiou uma tigela de comida e levou para a cama e por isso não precisa sair. Mas quem vai comer de novo daquela tigela no dia seguinte? Não, não dava para fazer aquilo. Melhor andar 200 metros.

De manhã, levantar às 4 horas. Tirar a camisa, tomar banho. Algumas gotas de água, sem sabão, enxugar-se com a camisa. Com frequência você nem tem vez na torneira. Talvez encontre no caminho uma poça com um pouco de água de chuva. Em seguida – ainda está escuro –, alinhar-se, contagem dos comandos e depois de ficar de pé por muito, muito tempo, o comando sai.

No portão, o *Kapo* superior anuncia: "Canteiro de obras, 693 homens". Medo! Quando tem homens demais e 660 são suficientes, o *Obersturmführer* contava 33, aleatoriamente, e eles eram colocados de lado. Ninguém mais voltava a vê-los.

O que se via, isso sim, era a chama, a eterna chama da chaminé do crematório. Dia e noite aquele fogo, sempre a consciência de que pessoas estavam sendo queimadas ali. Pessoas como você, com cérebro e um coração, cujo sangue – líquido milagroso – é bombeado por uma rede interminável de vasos sanguíneos, vivo até a derradeira fibra, até a mais insignificante célula. Criação maravilhosa de Deus.

Às vezes, o tempo está úmido e a fumaça condensa e cai sobre o campo. Então sente-se o cheiro de carne queimada, de bife sem manteiga suficiente na frigideira. Este é seu café da manhã, pois pão você já não tem. Então você não aguenta mais. Está cansado, doente e enojado de si mesmo, porque você é um ser humano e o soldado da SS também é um "ser humano".

Depois de cinco semanas, a carta: "Eu localizei você! Um homem que leva lenha para a cozinha do seu campo encontrou você. Vou falar com o *Lagerarzt*. Aguente mais um pouquinho".

Ainda levou uma semana para que o escrivão do bloco viesse buscá-lo. Seu registro foi cancelado no prédio da administração e então voltou para Auschwitz.

O Bloco 9 tivera uma grande mudança. Havia um novo supervisor. O *Lagerarzt* estivera ali na semana anterior e separado os *Muselmänner*. Quando os carros vieram um dia depois para buscar os infelizes, faltava um, um judeu italiano. Foi um tumulto enorme. À noite, o homem voltou por conta própria. Ele tinha saído com o comando do canteiro de obras, havia carregado sacos de cimento o dia inteiro. Terminado o trabalho, o preparador o elogiou por seu empenho. Ele queria apenas provar que não era um *Muselmann*, que ainda podia trabalhar bem.

O *Lagerarzt*, que voltou no dia seguinte, não se sensibilizou com aquela lógica. Fez com que o homem fosse levado imediatamente e chamou Paul. Disse que era um escândalo que algo assim pudesse acontecer em seu bloco. Havia dado uma boa surra naquele judeu? Mas Paul era teimoso, e desde que se apaixonara por uma jovem judia tinha adquirido uma profunda comiseração pelos judeus do campo.

"Não bato em pessoas doentes."

Então o *Lagerarzt* desatou a berrar: que aquela corja comunista não negava a sua natureza, eram pró-judeus, gentalha, porcos vermelhos sujos. O caro doutor esmurrou Paul bem no rosto. Duas, três vezes, de maneira que o sangue lhe jorrou dos lábios. Meia hora mais tarde, havia um novo supervisor. Era Zlobinsky, um polonês, o antigo porteiro do Bloco 21. Ele era conhecido como um cara rude e ardiloso. Era exigente, controlava as camas, gritava quando havia uma palhinha no chão e impelia todos ao limite do desempenho.

Mas depois de algumas semanas, ele se apaixonou por uma moça do bloco adjacente, o Bloco 10. A partir daquele momento, ele começou a passar o dia todo na janela e os enfermeiros voltaram a tirar cochilos e deixar os zeladores – que eram pacientes em bom estado – fazer o trabalho.

No dia seguinte ao seu retorno, Hans foi ao Bloco 10 com o comando de caldeiras. Friedel e ele estavam tão felizes por essa aventura ter terminado bem.

"Como você conseguiu?"

"Simplesmente fui até Klein,[2] o *Lagerarzt*, expliquei a ele o que tinha acontecido, que você era meu marido, e então ele anotou o seu número."

"Não dá para entender: é o mesmo cachorro que enxotou Paul semana passada depois de haver feito uma seleção. No começo do mês ele esteve em Birkenau, lá ele liquidou todo um campo familiar tcheco em dois dias. Milhares de pessoas foram colocadas no transporte para trabalhos forçados, 5.500 foram para o buraco; velhos, mulheres, crianças."

"A gente vê isso com frequência, não dá para conversar com os soldados mais novos da SS, no entanto, os mais velhos, que cometem crimes no atacado, às vezes são humanos para pequenas coisas. Como agora com você."

"Não acredito que se possa dizer isso deles", opinou Hans. "Pelo contrário, os jovens foram educados no espírito de sangue e solo, não conhecem outra coisa. Mas justamente os mais velhos, como o *Lagerarzt*, demonstram com esses pequenos atos que ainda existem neles remanescentes de sua antiga educação. Eles aprenderam outra coisa e poderiam ter permanecido humanos. Por isso têm mais culpa que o jovem gado nazista, que nunca conheceu nada além disso."

Eles ainda continuaram conversando mais um pouco. Friedel contou a ele sobre as injeções com sangue infectado com malária, e sobre a febre alta que as mulheres tiveram por causa dessa malária forçada. Agora estava fácil entrar no Bloco 10 e menos perigoso ficar ali.

---

2. Fritz Klein, médico nazista que atuou nos campos de concentração de Auschwitz, Neuengamme e Bergen-Belsen. (N.T.)

Regularmente, grandes grupos de poloneses eram levados no transporte e com isso os judeus tinham a oportunidade de pegar um lugar melhor. Agora podiam trabalhar no vestiário e no serviço de fototécnica. Já havia até alguns na cozinha e os médicos judeus já não realizavam só as tarefas sujas, mas faziam de fato trabalho médico. Assim, agora também era possível que um judeu, sob pretexto de uma ou outra tarefa, entrasse no Bloco 10, enquanto antes os poloneses mantinham esses trabalhos mais agradáveis para si.

Portanto, por causa do transporte de poloneses, eles passaram a ter, por um lado, uma vida mais suportável; mas, por outro, isso os enchia de preocupação. Os poloneses iam para o transporte, assim como os russos. Os alemães imperiais, desde que não fossem presos políticos, eram incorporados pela SS. Isso tudo acontecia claramente sob a influência do *front*, que recuava cada vez mais.

Agora – no verão de 1944 – os russos já estavam em Radom, entre Lviv e Cracóvia. Isso era a apenas 200 quilômetros de Auschwitz. Na próxima ofensiva eles podiam alcançar o campo. O que aconteceria então com quem vivia ali?

Havia diferentes opiniões circulando: eles evacuariam o campo. Mas isso não seria simples, porque embora a ocupação tivesse reduzido muito, todo o complexo de Auschwitz ainda abrigava uns 120 mil prisioneiros. Segundo outros, todos eles seriam exterminados. Poucos otimistas acreditavam que os alemães deixariam as testemunhas de suas atrocidades chegarem vivas nas mãos dos russos.

Assim eles viviam num tumulto de crescente tensão.

Em julho um clímax: "O *Führer* está morto, as forças armadas e a SS estão lutando uma contra a outra, os generais assumiram o governo". Nunca boatos assim tinham circulado com tanta firmeza.

Mas mesmo que significasse que já no dia seguinte a guerra terminaria e um novo governo alemão negociaria com os Aliados, a SS permanecia em seu posto. Ainda assim, nunca um boato havia tido tanto embasamento factual. Só depois de alguns eles leram num jornal já velho – que os não judeus podiam assinar – como realmente tinha se passado o caso Von Witzleben.[3]

Não, os boatos que circulavam pelo campo eram sempre uma caricatura exagerada da realidade, mas sempre se podia ter certeza de que algo realmente tinha acontecido. Mesmo que fosse difícil descobrir as reais proporções dos fatos.

O mesmo acontecia com o Bloco 10. Já havia meio ano que se ouvia falar da transferência do Bloco 10. A algumas centenas de metros do campo fora construído um novo complexo de barracões. Soldados da SS moravam lá agora e um prédio seria para o Bloco 10.

O medo da próxima separação sempre retornava. Mas não aconteceu nada, até que o boato tomou formas mais concretas em agosto. Cinco dos novos prédios seriam blocos femininos. O Bloco 10 e os melhores comandos femininos, como os que trabalhavam na lavanderia e na fábrica de armas da SS, seriam estabelecidos lá.

E de repente chegou o dia da transferência. As mulheres ficaram por horas alinhadas do lado de fora; contagens, contagens e mais contagens. Ninguém entendia o que esperavam, mas estavam contentes. Havia poucos soldados da SS por perto e eles puderam

---

3. Erwin von Witzleben, marechal de campo do exército alemão que se opunha ao regime nazista. Foi a figura-chave de um fracassado atentado para assassinar Hitler e acabou condenado à morte por sua participação no golpe. (N.T.)

conversar por muito tempo, mais do que nunca. Essa despedida foi a conversa mais longa e tranquila em um ano. Hans se perguntava o que aconteceria com as mulheres nesse novo bloco.

"Acho que eles vão simplesmente continuar com os experimentos. Esta semana trabalharam sob alta pressão no Bloco 10. Disseram que ninguém poderia ir para o bloco novo se não tivesse recebido injeção pelo menos uma vez e, portanto, pertencesse à lista de Clauberg e Goebel. Nem as funcionárias ficariam isentas."

"E você, como conseguiu se safar disso?", perguntou Hans. Ele tinha muito medo de que ela viesse com a confissão que ele havia tanto tempo temia. Eles nunca deixaram de ter uma última esperança de sair dali com vida, e se Friedel tivesse sido injetada, talvez ficasse infértil para sempre.

Ela percebeu o terror dele.

"Eram 34 enfermeiras e outras funcionárias que ainda não tinham sido pegas para os experimentos. Tivemos todas que ir até Clauberg para esclarecer por que ainda não tínhamos participado e saber quando deveríamos nos apresentar para o exame. Quem se recusasse seria mandada para Birkenau. Quando fiquei diante dele disse que estava com uma infecção renal. 'Bem', ele disse. 'Então não podemos fazer agora, haveria risco de vida.' Por sorte ninguém me controlou porque a infecção renal já passou faz um mês."

Era surpreendente que Friedel tivesse dito exatamente aquilo, que foi certeiro. Ela era leiga, mas certamente possuía uma intuição fantástica.

Perto do meio-dia as mulheres se foram. Eles agora não poderiam mais se ver quando quisessem, porém os homens que trabalhavam nos novos blocos poderiam levar bilhetes e pacotes. Friedel viria tanto quanto possível ao campo para ir ao dentista ou ao radiologista e assim eles se veriam o máximo que conseguissem.

A maioria dos homens não tinha notícias de suas mulheres. Alguns, como Eli, sabiam que estavam mortas, mas mesmo aqueles que sabiam que suas esposas estavam em um campo próximo – Birkenau, por exemplo – nunca tinham oportunidade de contato. Portanto os dois não tinham do que reclamar.

Após a chamada, eles caminhavam pela *Birkenallee*. Ainda fazia um calor abafado. Mais tarde aquilo ali ficaria cheio, no entanto os detentos do campo ainda estavam todos em seus blocos para receber sua porção de pão. Por isso apenas alguns eminentes e enfermeiros andavam pela *Birkenallee*. Dr. Valentin e o professor Van Mansfeld estavam sentados num banco. Valentin chamou Hans:

"E você, já está de novo um pouco normal?"

Hans não tinha consciência de ter-se comportado de maneira anormal. Foram se sentar na grama, junto aos colegas mais velhos.

"Parece-me muito normal que eu esteja triste", achava Hans.

"Essa sua cara, o dia inteiro. O que você tem para reclamar? Você com certeza encontrará oportunidades de entrar em contato com sua esposa."

"É, mas será bem menos fácil do que foi até agora, e se ela tiver algum problema, não poderei ajudá-la."

"Que tipo de problema poderia acontecer?", perguntou o professor.

"Cuidado, professor", respondeu Eli, "eles ainda são capazes de muita coisa. Para começar, naquele novo bloco há duas salas de raios X, eles podem trabalhar em escalas ainda maiores que no Bloco 10. Além disso, o senhor talvez tenha ouvido falar dos novos experimentos de controle que eles vão fazer. No bloco novo há uma fileira de quartinhos que, ao que parece, devem servir para colocar as mulheres com homens. E, pelo resultado, poderão avaliar se a esterilização funcionou."

Hans não acreditava:

"Ah, vai, eles falam tanta coisa, também falam o tempo todo sobre um bordel judeu que seria aberto no início de setembro."

Eli acreditava que os dois boatos tinham fundamento.

"Talvez os controles sejam mesmo realizados numa espécie de bordel."

"Bem, então espero que nenhum homem utilize esse bordel."

O professor Mansfeld voltou a participar da conversa:

"Não diga bobagem. Se eles puserem na cabeça que querem fazer algo assim, ninguém tem chance de impedir que levem o plano adiante."

"A esposa dele não recebeu injeções. O que haveria para controlar?"

"Ah, isso não significa nada", continuou o professor. "Não se pode esperar nenhuma lógica desses nossos senhores. Fazem todos os seus experimentos sem lógica ou sistema. São apenas caprichos. O que lhes vem à mente, eles experimentam. Num campo perto de Königshütte, um líder de esquadrão trancou três homens e três mulheres num casebre durante vários dias. Tirou-lhes todas as roupas e ficou observando minuciosamente o que faziam. Um dos homens ele encheu de comida, o segundo recebeu alimentação normal e o terceiro não recebeu nada. Ele queria observar qual é a influência da alimentação no desempenho sexual. Qualquer criança entende que isso é absurdo demais."

Hans concordou:

"De fato, isso é um capricho pessoal. Pegue como exemplo os experimentos com soníferos. Semana passada, um soldado da SS veio até o Bloco 19 e selecionou três homens. Eles tomaram um pó dissolvido em café. Depois de pouco tempo adormeceram. Dois deles não acordaram mais, o terceiro, por acaso, recobrou os sentidos depois de trinta e seis horas. Posso imaginar como uma 'pesquisa' assim acontece. O senhor soldado da SS ainda estava um tanto impressionado com o caso Von Witzleben e não conseguia dormir à noite. Achou um pouco de pó do Canadá em sua farmácia de casa, mas não ousava tomar. Então resolveu fazer um 'experimento científico' com alguns detentos."

Eli o interrompeu:

"Já é de antemão um absurdo analisar um experimento assim. Perda de tempo. Aquele experimento em Königshütte é só a satisfação perversa de um homem que queria observar a vida sexual daquelas pessoas. Com experimentos como os do Bloco 10 é diferente."

"Errado, meu caro", retrucou o professor. "Todos os experimentos dos alemães, sim, digamos que toda a ciência alemã desde 1933, não melhoraram nem um milímetro, do ponto de vista humano e científico. Um grande fator para isso foi, naturalmente, a perseguição de todos os eruditos judeus. Na história da ciência alemã, é notavelmente grande o número de sábios judeus e estrangeiros. Encontram-se principalmente muitos poloneses entre os eruditos 'alemães'. Pessoas como Copérnico são anexadas pela propaganda para benefício da grandeza alemã!"

"Mas e se Hitler não tivesse expulsado os judeus?"

"Então a ciência alemã também não teria produzido muito mais. Ciência afinal significa: pesquisa e conclusão. Na Alemanha, a conclusão já está definida por antecedência. Tem que estar em conformidade com os dogmas do Estado. Desde que se trate de descobertas puramente técnicas, como para a indústria de guerra ou na área médica, os resultados das pesquisas são aceitos de bom grado, mas tão logo um estudioso alemão se dirige ao campo histórico ou filosófico, ele já sabe de antemão a qual conclusão sua pesquisa deve levar. E se ele for burro o suficiente para chegar a um resultado que vá contra a doutrina nacional-socialista, então logo acabam com ele."

"Compreendo muito bem, professor. Mas, voltando às nossas mulheres, trata-se aqui de pesquisas puramente técnicas. Podem perfeitamente ser efetuadas."

"A ciência é um sistema que se desenvolveu a serviço da sociedade. Até por isso uma pesquisa sobre esterilização em massa jamais poderia se realizar cientificamente. Pois o objetivo da pesquisa da ciência alemã não é a humanidade, mas a raça alemã. Aliás, veja o que acontece na prática. Quem tem algum papel nisso? Clauberg, Goebel, gente da Gestapo e Samuel, que quer tentar salvar a própria pele. Os experimentos são executados por um líder de esquadrão, que não tem nenhuma noção da coisa e deve sua competência ao fato de ter vendido escovas de dentes no passado. Não, meu caro, uma pesquisa que atenta contra todo princípio humano não tem nada a ver com ciência. Se um dos meus assistentes antigamente tratasse um animal de laboratório da forma como as mulheres são tratadas aqui, eu mesmo o colocaria para fora."

A argumentação de Van Manseld causou grande impressão. Mas ele mal tinha acabado de falar e o mensageiro do Bloco 9 se aproximou: precisavam voltar imediatamente. O bloco inteiro iria se mudar para o Bloco 8 naquela noite.

Trabalharam duro por algumas horas; armários e mesas foram desmontados, medicamentos, embalados. Mas por sorte veio uma ordem contrária: mudar amanhã. Foi um dia de trabalho pesado, carregar pacientes, colchões e camas. O Bloco 8 era um bloco de quarentena, sujo e desgastado. Chegaram ciganos para os blocos 9 e 10, famílias inteiras, homens, mulheres e uma multidão de crianças. Eram privilegiados que, por motivos desconhecidos, haviam escapado de Birkenau e iriam para campos na Alemanha. Pois com os ciganos não era diferente dos judeus. Formavam um grupo muito menor e tinham nos diversos países europeus uma posição social menos importante que a dos judeus. Eram igualmente exterminados em Birkenau. Aliás, mais uma prova de que também a perseguição aos judeus, em essência, não era uma "luta anticapitalista contra a plutocracia mundial judaica".

A SS era experiente no ódio e era um órgão para reprimir o próprio povo alemão e povos afins. Estudam sua metodologia nos judeus, nos russos e nos ciganos, sob o lema da purificação da raça.

Os campos de Ellecom, na região do Veluwe, e Stutthof, perto de Danzig, são chamados oficialmente de campos de treinamento da SS. Nesses lugares, os soldados da SS encontravam satisfação para as tendências sadistas despertadas neles e, por terem essa possibilidade de satisfação, permaneciam até o final como obedientes apoiadores de Hitler.

Depois de uma semana, eles tinham renovado e limpado um pouco o bloco. Os pacientes dormiam sob cobertas que ainda mostravam os restos da sujeira de seus antecessores. Vestiam camisas que eram desinfetadas uma vez por mês, mas nunca eram lavadas e por isso pareciam marrons em razão do sangue e pretas de excrementos de pulga. Mas à primeira vista tudo deveria estar limpo, o chão brilhando de tão branco e as camas bem pintadas. Por isso foi uma semana cara, pois eles não recebiam nada oficialmente e a tinta para as camas e portas era paga com o pão e a margarina que era retirada dos doentes.

Infelizmente, no nono dia chegaram mais ciganos e o Bloco 8 se mudou para o Bloco 7. Havia agora 2 mil ciganos no campo e a barafunda era maior que nunca. Auschwitz, afinal, era um campo "ruim". Em torno dos três blocos de ciganos foi posta uma barreira de arame farpado e havia sempre dois guardas, mas isso não impediu que surgisse um movimentado comércio junto à barreira.

Os ciganos recebiam mais pão que os outros e, com isso, compravam salsichas e batatas, que eram contrabandeadas para o campo pelos prisioneiros comuns. Dessa maneira, o pão se "desvalorizou". Se inicialmente um pedaço de pão valia 12 batatas, agora só se podia obter sete. Havia música e dança o dia todo entre os ciganos. Os homens junto à barreira ficavam olhando maravilhados, até serem enxotados pelo guarda ou até sofrerem punição por estarem vadiando no campo em horário de trabalho. Mas o mais insano acontecia à noite, quando escurecia. Então homens do campo forçavam a entrada nos blocos de ciganos e muitas mulheres ciganas escapavam de suas próprias cercas de arame farpado para tornar mais agradável a vida de *Kapos* e supervisores – que com frequência tinham um quarto particular nos blocos de trabalho – e encher bem seu próprio estômago. Aliás, sem quarto também dava, desde que houvesse comida e bebida.

Havia razias no meio da noite. A SS procurava mulheres em todas as camas por todo o campo. Várias vítimas! Todas as manhãs o arame farpado tinha que ser consertado. Hans não gostava daquele tumulto. Quando via todo aquele divertimento cigano, sentia de maneira ainda mais aguda tudo o que fazia falta no campo, sentia-se ainda mais como um enterrado vivo. As mulheres ciganas pouco lhe interessavam.

O tempo que ele antes usava para conversar com Friedel pela janela agora passava com os colegas no andar de cima ou ficava conversando com o professor Frijda,⁴ o catedrático em 'Economia de Amsterdã que estava internado no hospital havia uma semana. O velho tinha chegado com o último transporte da Holanda. Por acaso ele entrou na fila certa justo ao sair do trem. Em Auschwitz, entrou para o comando de construção de ruas. Não aguentou puxar carretas o dia inteiro por mais que duas semanas, e assim foi parar no hospital. Tornou-se rapidamente popular com os médicos por seu jeito amistoso e modesto. Eles achavam "*le professeur hollandais très charmant*". Mas para Hans ele representava uma grande preocupação.

De manhã, ainda antes do gongo, os homens se empurravam contra as janelas do Bloco 7 que davam para o Bloco 8 para ver as mulheres que estavam se lavando. Então chegava o supervisor e enxotava os pacientes de volta para a cama. Mas no escritório dos enfermeiros, ele não ia, e os enfermeiros se divertiam amplamente com a conversa de gestos eróticos com as mulheres ciganas mais ou menos despidas.

Onde até mesmo Santo Antônio teria sucumbido à tentação, Hans às vezes também olhava para o outro lado, mas não passava de um olhar fugidio, pois quando via mulheres, isso apenas lhe despertava o desejo por Friedel.

A comunicação entre eles era mais difícil do que esperavam. Krebs, um protético holandês, já tinha passado alguns dias no *bunker* por ter entregado cartas para as mulheres. Entre elas, uma carta de Hans. Durante sua audiência, Krebs explicou que era

---

4. Herman Frijda, professor de Economia, foi também reitor da Universidade de Amsterdã e ficou conhecido publicamente porque durante sua gestão concedeu o doutorado honorário em ciências econômicas à então rainha da Holanda, Wilhelmina. (N.T.)

uma carta de um homem para sua própria esposa. Não havia nada de especial. Krebs era um dos poucos holandeses eminentes, e esta foi sua sorte, pois com ajuda de seu chefe, o *Obersturmführer* do posto odontológico, o caso logo foi abafado.

Mesmo com as visitas de Friedel ao hospital não foi fácil. Ela vinha toda quarta-feira, quando as moças vinham para a consulta, mas o vigilante sanitário estava sempre presente. Era um tipo nojento, um romeno. Os soldados estrangeiros da SS eram sempre piores que os alemães. Ele importunava as moças, ficava em cima enquanto eram examinadas e frequentemente sumia com uma delas para o andar de cima, para um dos quartinhos dos oculistas ou da farmácia.

Então os rapazes aproveitavam para falar com suas mulheres. Eram Hans, Majzel e De Hond, que conseguiam entrar um pouquinho graças ao segundo vigilante sanitário. Friedel contava sobre o novo bloco. Não aconteciam experimentos, as moças trabalhavam em todo tipo de comandos. Ela estava no comando de costura no turno da noite. Não era fácil: doze horas seguidas no sótão, em meio à poeira, costurando farrapos velhos, e quando não terminava seu lote: surra. Ela não suportava a poeira, tossia cada vez mais. Durou pouco, logo o romeno retornou. Ele tinha bebido, fez comentários chulos e enxotou os homens.

Quando ele veria Friedel novamente? Tinha que inventar algo melhor. Isso tinha sido na quarta-feira. Na quinta, todos os ciganos partiram e, na sexta, eles se mudaram de novo. Voltaram para o Bloco 9, que estava num estado terrível.

Na manhã seguinte:

"Atenção, o *Lagerarzt*."

Ele não foi para os pavilhões, onde ainda havia uma bagunça enorme, mas dirigiu-se diretamente à sala do supervisor, onde falou por alguns minutos com o médico-chefe. Quando saiu, Zielina chamou todos os médicos ao ambulatório.

Precisavam fazer uma lista de todos os pacientes. Na frente do nome, o médico deveria preencher se o paciente poderia receber alta e, caso não pudesse, quanto tempo ainda deveria permanecer no hospital; uma, duas ou três semanas, ou mais que três. Eles pareciam consternados, pois sabiam que havia algo horrível por trás disso. A discussão se estendeu bastante sobre qual seria o limite, por quanto tempo alguém poderia permanecer doente sem risco de ir para a câmara de gás.

Hans conversou muito tempo com Flechner, o colega francês que tratava de Frijda, sobre o destino do professor. Dizer que ele estava saudável os dois não podiam. Então ele teria que receber alta de imediato e o homem não podia andar nem 100 metros. Mas "mais que três semanas" eles também não ousavam, pois isso na certa significaria o fim. Para piorar as coisas, o *Lagerarzt* tinha levado todas as fichas, de maneira que também não podiam mais omitir o professor.

Chamaram Zielina. Decidiram escrever três semanas. Hans jamais se arrependeu tanto de uma decisão em sua vida quanto dessa.

No dia seguinte, os fichários foram levados de volta ao hospital. Mas faltavam as fichas dos judeus que deveriam ficar mais que duas semanas no hospital. Estes deveriam ser levados no dia seguinte para trabalhar na tecelagem em Birkenau, um comando leve. A tecelagem de Birkenau era a "maior fábrica do mundo". Alguns milhões de pessoas já tinham sido levadas para a câmara de gás sob esse pretexto.

Zielina liberou Hans do trabalho na manhã de domingo. O *Kapo* da construção de ruas era um amigo de Leen Sanders e, graças à recomendação deste e um maço de cigarros – contribuição de um paciente polonês –, Hans teve permissão para sair com eles. Trinta homens trabalhavam no novo campo feminino e Hans foi escamoteado entre eles.

Ele não era o único convidado. Pelo menos metade do comando de domingo estava interessada nas moças. A SS ainda não tinha percebido o truque, e por isso eles podiam andar pelo campo feminino com bastante tranquilidade. Desde que sempre tivessem algumas pedras ou uma pá consigo para começar a trabalhar imediatamente caso um soldado da SS ou uma supervisora se aproximasse, disse o *Kapo*.

Diversos rapazes desapareceram com suas namoradas indo para um dos sótãos. Mas Friedel não gostava dessa ideia de "amor furtivo". Eles ficaram atrás de uma porta do bloco dela e conversaram tranquilamente por muito tempo. Hans falou de sua dor sobre o caso Frijda.

"Não há nada que se possa fazer", Friedel tentou consolá-lo. "Se você não tivesse encontrado o melhor remédio para um paciente, ninguém poderia culpá-lo por isso, e no entanto era de se esperar que você acertasse, muito mais do que nesse caso de um truque maldoso."

Aquilo era verdade e Hans tentou superar o sentimento de culpa. No dia seguinte, vieram os carros. Hans se sentia péssimo. Lá foi o professor Frijda, no passado magnífico reitor da Universidade de Amsterdã, mentor da rainha Wilhelmina. Cumprimentou Hans com um aperto de mão e pediu que saudasse todos os seus parentes, caso ele sobrevivesse.

"Mas, professor, o senhor mesmo irá revê-los."

O que mais ele poderia dizer? Não tinha coragem de chamar as coisas pelo nome, precisava ser brando sobre Birkenau.

Então chegou um soldado da SS e enxotou o professor para dentro do veículo. Um dos mais conhecidos e estimados estudiosos holandeses subiu com uma camisa encardida e tamancos de madeira no caminhão que o levaria para a câmara de gás.

Com a SS, nunca se sabia o que esperar. Viam-se as maiores contradições: de manhã, quando milhares saíam em rígidas fileiras de cinco para um dia de trabalho insuportavelmente duro, ao encontro de surras e fome, a orquestra marcial composta de 50 prisioneiros tocava no portão. Uma vez, os médicos tiveram que elaborar listas daqueles que se qualificavam para receber alimentação extra. No dia seguinte à apresentação das listas, os pobres subnutridos foram levados para a câmara de gás.

Mulheres judias, escravas: pode açoitar. Mas se o soldado da SS tivesse necessidade, não se importava em pegar uma moça judia. "E se não estiver disposta, uso violência." Se um prisioneiro fosse pego escamoteando pão, levada pauladas. Mas o comércio de ouro ou diamantes e no abatedouro (certa feita foram 14 porcos de uma vez) acontecia por meio da SS.

No outono de 1943, em Majdanek, o campo de concentração perto de Lublin, foi descoberto um complô de sabotagem. A SS então decidiu liquidar em um dia todos os 18 mil judeus. Foi feita uma cova retangular enorme. De um lado do retângulo, as pessoas se despiam, depois davam a volta para serem fuziladas. O barulho das metralhadoras e os gritos das vítimas foram encobertos por cinco orquestras.

O *Lagerarzt* Klein era especialista em seleções. Uma noite, toda a população do campo teve que desfilar nua na antiga lavanderia diante do *Rapportführer*. Despiam-se do lado de fora, no Birkenalle. Na entrada estavam alguns supervisores que davam um empurrão em cada um. Quem tropeçasse no degrau tinha o número anotado, era um *Muselmann*. Quem marchasse por esses senhores de peito inflado, passava. Assim eles selecionaram mais ou menos mil que foram colocados num bloco vazio. À noite, todos os não judeus foram liberados. Os judeus desfilaram para o *Lagerarzt* no dia seguinte entre os blocos 8 e 9. Ele controlava se por acaso ainda havia algum vigoroso entre eles. Ele conversava muito com Hössler,[5] o *Lagerführer*, e na maior parte do tempo com as costas voltadas para a longa coluna. De vez em quando se virava e pegava alguém aleatoriamente, que então estava de novo a salvo por um tempo.

Naquele tempo, havia dois blocos no campo – 22 e 23 – cercados com arame farpado. Viriam mulheres. No Bloco 23 foi montado um pequeno ambulatório.

Friedel tinha uma aparência cada vez pior. Não conseguia aguentar o trabalho noturno no serviço de costura, tossia cada vez mais e tinha febre com frequência. Por isso Hans decidiu ir ao *Lagerarzt* para perguntar se ela não poderia trabalhar como enfermeira no novo ambulatório.

Valentin, o médico-chefe dos pavilhões de cima, achou uma loucura. O *Lagerarzt* lhe daria "um soco na cara", ele poderia mandá-lo para um comando pesado por tal grosseria. Ele não devia

---

5. Franz Hössler, oficial nazista alemão que ficou conhecido por sua participação ativa no Holocausto. Após a guerra, foi preso, julgado e condenado à morte por crimes contra a humanidade. (N.T.)

sequer saber que sua mulher estava ali, muito menos falar sobre isso com o *Lagerarzt*.

Mas Hans contava com a inconsequência, com a divergência interior desses oficiais da SS. E de fato: o mesmo homem que havia enviado milhares para a morte por serem doentes ou fracos achou bom que Friedel fosse transferida do serviço de costura para o ambulatório no Bloco 23, "porque ela tossia tanto com a poeira das roupas velhas".

Depois da grande seleção, da qual o professor Frijda também tinha sido vítima, o hospital ficou meio vazio. Os enfermeiros começaram a ter medo. "Se houver mais uma seleção assim, eles logo vão se livrar de alguns enfermeiros, há muitos."

Com a aproximação do perigo, de repente tiveram a sensação de que deveriam se tornar heróis. Enquanto antigamente, nas comissões, ninguém jamais pensava em resistência, eles agora achavam que não deveriam simplesmente se render. Klempfner, um médico tcheco do pavilhão de cima, certa noite chamou Hans e Eli Polak:

"Há uma organização no campo. Evidentemente não posso lhes dar detalhes, mas no nosso bloco há 15 pessoas que vão me seguir. Vocês também querem participar?"

"Claro", considerou Eli. "Não temos nada a perder."

"Bem, se algo acontecer, chamo um de vocês para dar instruções. Vocês então logo verão o que acontece."

Essa hora nunca chegou. Após mais ou menos uma semana veio a ordem: o Bloco 9 seria desmanchado, doentes e enfermeiros seriam transferidos para o Bloco 19 – outro bloco-hospital que também estava meio vazio. A sala de Hans ficou intacta, Zielina continuou como médico-chefe. O *Blockälteste* no Bloco 19 era Sepp Rittner: um cara colossal, comunista, já estava havia oito anos no campo, mas ainda com um ensolarado humor vienense. "Sangue vienense" que não se deixava esfriar por nenhuma tirania prussiana. Hans o conhecia desde que chegara a Auschwitz e eram bons amigos. Agora começaria a boa vida.

No Bloco 19, Hans emancipou-se como eminente. O médico de pavilhão Ochodsky tinha sido levado pelo transporte e Zielina, que agora tinha assumido inclusive o tratamento de pacientes não judeus, deixava tudo por conta de Hans.

Agora que ele cuidava dos pacientes não precisava mais fazer trabalho sujo, e além do mais agora entrava em contato muito mais íntimo com as pessoas e recebia muito mais de seu farnel do que antes.

Todo dia, ele visitava Friedel e lhe levava um pouco de seus tesouros. Ela agora estava de novo num bloco no mesmo campo. Com certeza era perigoso! Já nas primeiras semanas, dois homens que estavam à noite junto à cerca, querendo falar com as mulheres, foram fuzilados. No domingo à noite, um jovem de 18 anos. Ele havia descoberto a irmã, que não via fazia meio ano. Mas justamente os maiores trapaceiros são os que em toda parte permanecem mais tempo sem punição. Hans levava isso em consideração quando toda noite, com grande bravura, andava rápido em direção à cerca do Bloco 23. Levava uma garrafa embaixo do braço, ou um medidor de pressão. Às vezes, carregava uma balança com um colega. Quanto mais chamassem atenção, melhor. E se um soldado da SS acaso perguntasse alguma coisa, eles eram médicos com uma incumbência, iam até o ambulatório feminino etc.

O único perigo era o vigilante sanitário, o romeno, que sabia muito bem que Hans não tinha nenhuma incumbência. Uma vez ele os surpreendeu enquanto Hans e Friedel conversavam. Fez ameaças e chutou Hans para fora, mas ficou nisso. Num domingo, pouco depois do Ano-Novo, Alfonso Colet veio em direção a Hans. Colet era o novo *Kapo* da desinfecção. Era um espanhol, um dos muitos fiéis ao governo, fugido antes de Franco. Caiu nas mãos dos alemães na França – de Cila a Caribdes – e assim foi parar num campo de concentração. Aqui, em Auschwitz, ele era a figura central de um grupo de espanhóis e "espanhóis vermelhos", alemães que lutaram como voluntários ao lado do regime na guerra civil, entregues por Franco a Hitler e novamente mandados para campos de concentração.

"Você vem junto para o Bloco 23?", perguntou Colet.

"Que desculpa você tem?"

"Ninguém me pergunta nada. Aliás, amanhã os meus rapazes têm que desinfetar o Bloco 23, por isso queria ver hoje o que há para fazer."

Colet era amigo de Sara, a supervisora substituta, uma belga. Depois da sopa do meio-dia, eles saíram. Ficaram a tarde inteira na sala da supervisora do Bloco 23. Falaram pelos cotovelos e se divertiram muito. Mais tarde juntou-se a eles um *Kapo* da cozinha que tinha uma garrafa de genebra e uma relação com a supervisora.

A escrivã do bloco ficou junto à cerca e daria o alarme se um soldado da SS viesse para o bloco feminino. Os trabalhadores dos comandos que queriam ver as moças em sua tarde livre de domingo foram enxotados. Mas os guardas não imaginaram que alguém pudesse ser tão atrevido quanto Colet e Hans.

"É mais seguro roubar meio milhão do que roubar meio florim."

Colet contou sobre o novo *Lagerälteste* judeu. Como todos os poloneses tinham sido transportados, e os alemães tinham sido em grande parte incorporados pela SS, havia sobrado praticamente só judeus no campo. Assim, tinham designado até um *Lagerälteste* judeu, mas depois de dois dias o homem ficou louco; ficou com delírios de grandeza. Ele estava deitado em seu quarto quando entrou Kaduk, o segundo *Rapportführer*, e lhe ordenou que se levantasse. Mas ele disse que não pretendia se deixar ordenar por Kaduk, e que ele, como *Lagerälteste*, não era um menino de recados do *Rapportführer*. Os dois tiveram uma briga enorme e o *Lagerälteste* agora estava no *bunker*.

As mulheres deram muita risada, porque para alguém num campo de concentração essa é uma história engraçada, um "detento" – mesmo que seja *Lagerälteste* – se exaltar desse jeito com o *Rapportführer*.

Mas Hans sabia muito bem.

"Essa história não é nem um pouco divertida. O que Alfonso contou é a versão oficial da SS. Na realidade, a coisa é bem diferente. Chegaram pacotes da Cruz Vermelha para o campo e os alemães precisavam ter a assinatura de um representante dos prisioneiros, confirmando que os pacotes tinham sido distribuídos. O *Lagerälteste* se recusou a fazer isso, pois nenhum prisioneiro tinha recebido nada. Agora ele está no *bunker* e com certeza não sairá de lá vivo."

A genebra do *Kapo* da cozinha se mostrou mais forte que o triste destino do *Lagerälteste* e, portanto, o humor permaneceu em alta. Eles tinham três cadeiras para seis pessoas e se comportavam como o decoro permitia. Mas decoro aqui significava algo diferente do que havia significado em casa no passado.

Friedel estava apaixonada demais para falar além da medida, mas Sara monopolizava a conversa. Contava sem parar sobre os homens que tinham estado com todo um bando no bloco na noite de Ano-Novo. Eles tinham subornado o *Blockführer* em serviço com uma garrafa de genebra. Hans sabia muito bem sobre isso. Nos últimos tempos, os judeus podiam estar nos melhores comandos, estavam até mesmo na orquestra. Músicos judeus de todos os campos da região foram trazidos para Auschwitz. Formaram entre eles uma banda de swing; todos holandeses, pois os melhores da orquestra eram os holandeses e com certeza os músicos de jazz. Entre eles estavam Jack de Vries e Maurice van Kleef, Lex van Weeren e Sally van der Kloot. Além destes, Ab Frank, regente do teatro Bouwmeesterrevue. Hans tocava clarineta com eles. Ele também estava junto na noite de Ano-Novo, mas tinha ido diretamente para o quarto onde ficava Friedel. Sara não podia saber disso, aliás, também não era necessário.

Meio bêbada, Sara continuava a matraquear. Agora sobre a sauna. A sauna era uma grande sala de banho, com 200 chuveiros. O comando que trabalhava lá era o mais popular de todos. Podiam-se ver mais mulheres nuas que em qualquer outro lugar do mundo, às vezes milhares ao mesmo tempo. Alguns dos homens que trabalhavam ali eram realmente ordinários. Andavam em meio às mulheres e as importunavam sem nenhum pudor. Por meia embalagem de margarina era possível sair com o comando por um dia. Se naquele dia mulheres de Birkenau vinham tomar banho, você tinha azar, era um espetáculo triste. Todos aqueles corpos esfalfados, subnutridos, quase tão sujos depois do banho quanto antes. Mas se vinham mulheres de Auschwitz, dos melhores comandos, então...

Os mais brutais eram evidentemente os soldados da SS, que iam ali para se divertir. Faziam as mulheres praticar ginástica e depois realizavam a "inspeção". Uma garota do bloco já estava grávida.

Friedel e Hans não estavam tão animados como os outros. Uma tarde como aquela era muito agradável, mas justamente agora que estavam tão perto um do outro o desejo crescia demais; o desejo de liberdade, de ter uma casa, de ter filhos, o desejo pela vida. Eram privilegiados, algo extraordinário entre os milhares ali, mas era algo que só supria aquele momento.

Hans estava ficando melancólico. Sempre tinha isso quando bebia um pouco. Friedel tentava animá-lo, acariciava sua cabeça e fazia graça sobre sua calvície. Mas ele falou sobre o futuro, sobre as decisões iminentes. No jornal de ontem apareceu pela primeira vez algo sobre uma ofensiva russa. Os russos haviam atacado e os alemães tinham que "recuar o *front* para ganhar tempo e entrar com as contraofensivas necessárias". A decisão não podia demorar muito. O *front* ficava a apenas 150 quilômetros de Auschwitz. A tensão aumentava.

A tensão aumentava cada vez mais. Na terça-feira à noite, os jornais informavam sobre o "Distrito de Cracóvia". Na quarta-feira, o *Krakauer Zeitung*[6] já não veio. Alarmes aéreos cada vez mais frequentes, quedas de energia cada vez mais frequentes, sem dúvida

---

6. Jornal alemão publicado durante o Governo Geral – como era chamada a autoridade governativa da Polônia após a ocupação nazista –, de 12 de novembro de 1939 a 17 de janeiro de 1945, com distribuição no distrito de Cracóvia. (N.T.)

devido a ações dos *partisans*.⁷ Durante a noite, tiros de canhão, às vezes muito longe e abafados.

Quarta-feira à noite: Hans e Eli trabalhavam no ambulatório do Bloco 28. Tinham plantão ali uma vez por semana. Era um trabalho difícil, tinham no máximo alguns pedaços de bandagem de papel e um pouco de pomada para ataduras. A fim de conseguir uma aspirina para um doente era preciso enfrentar uma burocracia enorme para na maioria das vezes descobrir que não havia nada disponível. A não ser que o paciente tivesse cigarros ou margarina, então ele podia ir diretamente aos enfermeiros do ambulatório, que tinham, estes sim, ataduras e aspirinas. Eles, por sua vez, compravam esses materiais dos prisioneiros que trabalhavam no posto da SS, pois lá, nos sótãos, havia provisões inesgotáveis: gaze, medicamentos, artigos de higiene, o que se quisesse. Os prisioneiros não recebiam quase nada disso pelas vias oficiais. Mas Hans tinha um pouco nos bolsos: um rolo de esparadrapo e alguma gaze. Escamoteava do ambulatório do Bloco 19 ou comprava para fazer curativos nos holandeses. Tinha pão de sobra e não podia levar tudo para Friedel.

Assim eles logo formaram todo um círculo de holandeses ao seu redor. O trabalho não corria tão bem à luz de velas, não havia ordem. Por todo o ambulatório, grupinhos discutiam animadamente. A questão da evacuação, do extermínio ou da rendição aos russos os mantinha ocupados. Ninguém chegava a uma conclusão, tudo era tão improvável.

---

7. *Partisan* é um membro de uma tropa formada para se opor à ocupação e ao controle estrangeiro de uma determinada área. O termo ficou conhecido durante a Segunda Guerra Mundial para se referir a certos movimentos de resistência à dominação alemã, principalmente no Leste Europeu. (N.T.)

Mais tarde, durante a noite, chegaram mulheres com uma paciente que precisava ser operada. A dra. Alina Brewda estava junto. Ela tinha sido supervisora do Bloco 10 durante meio ano, até que se recusou a colaborar com determinados experimentos. Ela era o anjo da guarda de Friedel, por isso Hans também a conhecia bem.

Uma monitora e uma *Blockführer* acompanhavam as mulheres. Mas elas também não podiam dissimular a tensão e abandonaram as mulheres à própria sorte. Brewda foi até Hans e perguntou o que os homens achavam.

Hans não sabia dizer, só se sentia feliz porque o fim estava à vista.

Brewda era pessimista. Tinha visto coisas demais. Vinha de Varsóvia, onde meio milhão de judeus foram imprensados no gueto, onde havia lugar para 150 mil pessoas. Sucessivamente, foram levados de lá. Uma vez mataram 23 mil em um dia em Treblinka, provavelmente o recorde da SS. Mais de 18 mil em Majdanek. Então os judeus de Varsóvia viram que não havia mais saída e começou a resistência. Isso foi em abril de 1943.

Eles receberam armas dos poloneses na região e se entrincheiraram nos velhos prédios do gueto. A SS teve que fazer um esforço enorme para adentrar as ruas e, quando tiveram o gueto nas mãos, os judeus armados ainda estavam por toda parte nos porões e nos canais subterrâneos, como tantos que existem nas velhas cidades. As entradas para os porões estavam camufladas, você empurrava para o lado um armário de pia ou levantava um tapetinho em algum lugar. À noite, eles apareciam e causavam carnificinas sob a ocupação da SS. Eles não podiam controlar essas ações subterrâneas. Então sobrou apenas uma maneira: minaram todas as casas e fizeram desmoronar.

"Apenas alguns milhares escaparam, como eu", contou Brewda.

"E caíram todos novamente nas mãos da SS. A rebelião no Gueto de Varsóvia foi o exemplo de uma guerra popular. Estava perdida de antemão; meio milhão de judeus mal armados não poderiam vencer Hitler. Ainda há centenas de milhares enterrados sob os escombros, mas levaram mais de 20 mil homens da SS junto para a cova."

Quando o filho começa a chorar, a mãe acorda do sono mais profundo. Mesmo que o sono tenha quebrado o contato sensorial com o mundo exterior, o espírito permanece alerta, principalmente quando esperamos algo. Às 3 horas da madrugada o gongo começou a soar e após alguns segundos todo o campo estava em polvorosa. Hans se vestiu rapidamente. Quando foi para fora, viu que os homens saíam correndo dos blocos e se postavam como para a chamada. Portanto era mesmo evacuação. Estava gelado e caía uma neve esvoaçante. Mas ninguém parecia sentir o frio. Todos estavam muito excitados, pois o fim se aproximava. O que quer que acontecesse, este era o fim de Auschwitz.

Nos blocos 23 e 24 ainda estava tudo escuro. Hans voltou para o hospital. Foi até Sepp para perguntar o que deveriam fazer.

"Nada", disse Sepp. "Ainda não há nenhuma instrução para os doentes. Aliás, não temos nenhuma roupa para eles. Não vou deixá-los saírem assim."

Sepp tinha razão e Hans pediu às pessoas que permanecessem tranquilas. Mas quase todo mundo tinha saído da cama e muitos andavam pelo campo, procurando amigos de quem queriam se despedir.

A chamada era meia hora depois do gongo. Alguma coisa estava errada, mas o que eles podiam fazer? A chamada foi anulada e os homens deveriam se alinhar como faziam para o comando toda manhã.

Às 5 horas saíram os primeiros grupos. Eram os comandos que não tinham importância vital, como construção de ruas e cascalho. As fábricas e empresas de produtos alimentícios ainda ficariam.

Enquanto eles ainda saíam marchando já surgiram os rumores, que como sempre eram um claro reflexo do que as pessoas desejavam: "A metade agora está no transporte, o resto fica e continua com seu trabalho. As máquinas vão ser levadas e nós ficaremos aqui até os russos chegarem".

Longas fileiras de carroças entraram no campo. Eram carregadas de pão e conservas no armazém da cozinha e seguiam os transportes que já tinham saído. Nesse meio-tempo, a luz tinha sido acesa no Bloco 23. Hans foi para o lado de trás. Ninguém estava observando se havia alguém perto do arame farpado. Mas como chamar atenção? Ele assoviou todo tipo de cantigas. E enfim: "De Brabançonne". Aquela teve sucesso. A belga abriu sua janela; sim, ela iria chamar Friedel.

"Friedel, fique o quanto puder."
"Não, querido, isso é muito perigoso."
"Ouça o que estou dizendo."

Eles não estavam de acordo, mas Friedel tinha que ir, ela estava ocupada procurando roupas. Mais tarde, quando clareasse, Hans tentaria entrar no bloco.

Ele voltou passando junto às longas filas dos que partiam. Eles tremiam de frio, pois já estavam do lado de fora havia algumas horas e estavam quase sem roupa. Os poucos trapos de linho não ofereciam proteção. Alguns tinham se enrolado numa coberta. Mas muitos não ousaram fazer isso; como se ainda tivessem que seguir as regras do campo agora que o abandonavam.

No Bloco 19 os enfermeiros estavam reunidos. Sepp tinha recebido instruções. Eles precisavam ir para o vestiário com carrinhos de mão. Lá seriam dadas roupas para os doentes.

Às 8 horas os comandos designados partiram. Tinha amanhecido e Hans acabava de sair em direção ao Bloco 23 quando esbarrou no líder de seção que procurava enfermeiros para serviços no bloco feminino. Não havia outra alternativa senão abrir o jogo: perguntou se podia ir junto para se despedir de sua mulher. O romeno deu um risinho de escárnio.

Friedel estava louca de alegria por ele ter vindo. Já tinha saído um transporte de mulheres e eles a procuraram em toda parte, mas ela tinha se escondido no sótão porque queria se despedir de Hans. Ele teve apenas um instante, pois o líder de seção o chamou. O holandês precisava ir imediatamente, tinha um forno de coque no sótão que deveria ir para a lavanderia.

Hans praguejou, mas não ousou se opor. Ele retirou o forno do sótão. Uma carga gigantesca, mas quando Hans estava bravo, gostava justamente disso. Carregou o forno numa arrancada só até a lavanderia e o lançou no chão. Ficou um instante recuperando o fôlego, mas logo viu o líder de seção chegando de novo com os outros rapazes. Não estavam carregando nada. Portanto, ele teve que carregar só para não poder ficar com sua mulher. Que tirano era esse sujeito. Mas agora Hans seria mais esperto que ele. O líder de seção foi com os rapazes ao escritório para pegar os papéis, pois tudo deveria ser queimado. Nesse meio-tempo, Hans desapareceu. Quando estava de novo diante de Friedel, sentiu-se um tanto constrangido.

"Você não quer mesmo tentar ficar?"

"Não, eles vão matar todos os doentes."

"Mas a viagem é terrível, será que nós aguentamos?"

"Não há nada a fazer, Hans. Prometa-me que você também vai."

Ele hesitou. Prometeu, mas ao mesmo tempo sentia que pela primeira vez não era sincero com ela, porque estava morrendo de medo daquela viagem. Naquele momento, a porta se abriu. Lá estava Colet.

"Disse a Sara que ela tinha que ficar, mas ela não teve coragem."

Hans disse que não entendia as mulheres, mas agora não havia nada a fazer.

Então soaram gritos no bloco:

"Alinhem-se todos!"

A despedida foi curta. Friedel tinha medo de parecer fraca. Fugiu, como sempre, dos sentimentos que a invadiam.

Hans se virou mais uma vez quando chegou à porta, mas ela ergueu os braços, como se quisesse lhe suplicar para ir embora, para não tornar as coisas ainda mais difíceis.

Naquele dia não aconteceu mais nada de particular e Hans ficou atordoado. Eles lutaram juntos por dois anos. Várias vezes estiveram no limite, mas sempre continuaram juntos. Primeiro no trem, a seleção. Depois o mês angustiante quando ele esteve em Birkenau e mais tarde a mudança do Bloco 10. Eles sempre se reencontravam, mas e agora?

Na manhã seguinte o *Kapo* da cozinha veio com um bilhete. "Hans, estou desde ontem no campo feminino. Acho que você tinha razão. Teria sido melhor ficar, é o que todas aqui queriam, mas não vai dar. Se Sara não tivesse sido tão burra! O bloco ao lado do nosso acabou de ser esvaziado, enxotaram as garotas a coronhadas. Enfim, vou fazer o melhor que eu posso, meu querido. Seja forte, um dia vamos nos rever. Eles já estão chegando. Adeus, meu garoto." Ele foi até Colet.

"Levei ontem três conjuntos de roupas masculinas para o Bloco 23. Para as duas Saras e para Friedel. Mas a minha Sara não teve coragem."

Hans poderia dar com a cabeça na parede. Essa era a solução, vestir roupas masculinas e então ir com a cara e a coragem.

"O que você vai fazer agora, Alfonso?"

"Nós não vamos embora, sob nenhuma condição. Você vai ver que o resto do campo irá hoje, exceto talvez os doentes. Mas nós vamos nos esconder, não temos nenhuma vontade de morrer na neve pelo caminho."

"Onde você planeja se esconder?", perguntou Hans.

"Se você ficar de bico calado, eu mostro."

Eles tinham feito um esconderijo sob a enorme pilha de roupas sujas que estava no porão da desinfecção. O porão era de cimento e o prédio em cima, de madeira. Se caísse, eles ainda estariam seguros. Alfonso parecia bem informado.

Por volta das 11 horas o *Lagerälteste* corria feito louco pelo campo: "Alinhem-se todos!"

Até os funcionários da cozinha partiram. Só no hospital ainda não tinha acontecido nada. Já quase não havia SS, tinham se colocado em marcha junto com o transporte e a partir daquele momento começou a pilhagem no campo.

Pegavam roupas do vestiário, rasgavam os sacos na sala de pertences e cada um procurava o que havia de melhor. Os armazéns embaixo da cozinha foram arrombados e os doentes, que antes mal podiam se arrastar, agora devoravam carne enlatada e tinas de chucrute. E o que era ainda pior: acharam vodca num porão. Vodca polonesa, não era mais que álcool um pouco diluído, queimava a garganta e não tinha nenhum sabor.

À noite, as primeiras vítimas: passavam mal, muito mal, tendo vômitos e diarreia, miseráveis, e outros caídos na rua ou completamente atordoados na sarjeta, de tão bêbados. Foi uma noite agitada.

Às 8 horas, o líder de seção chegou com alguns capangas. Tudo o que podia andar tinha que se preparar. Quase todo mundo queria ir embora. Só os poloneses ficariam, todos eles se declararam doentes demais para o transporte. Aparentemente, tinham esperança nos *partisans*. Havia discussões intermináveis sobre quem tinha mais condições agora.

Alguns médicos precisavam permanecer em cada bloco. No Bloco 19, ficaram Akkerman, um holandês não judeu, e Hans, que optou pelos perigos do campo aos do transporte. Hans contava com Colet e seus compatriotas espanhóis.

Às 10 horas, o líder de seção gritou: todos tinham que sair dos blocos. Então seguiu-se a ação maravilhosa de Sepp. Ele trancou a porta por dentro, ficou bem na frente e vociferava para todos que queriam sair:

"Idiotas, se forem doentes para o frio, o que vai sobrar de vocês. Se o romeno vier buscá-los, sempre será cedo demais."

Mas o romeno não foi buscá-los. Ele tinha apenas alguns soldados e não estava à altura dessa situação. Com armadura completa, usando capacete, uma carabina nas costas e uma lanterna na mão, ele não se sentia nenhum pouco à vontade. Pois até a sua boa vida acabaria agora. Assim, ele nem percebeu que ninguém do Bloco 19 tinha se alinhado e dessa forma Sepp salvou a vida de centenas de pessoas num instante de bravura.

Quando evacuaram os hospitais, o campo ficou vazio. Nos três blocos hospitalares ainda havia algumas centenas de doentes que não podiam seguir adiante e mais o Bloco 19 superlotado, cheio de doentes e todo tipo de gente do campo que procurou Sepp para se proteger.

Tarde da noite, talvez umas 11 horas, um incidente. Akkerman foi à cozinha com alguns homens para buscar alimentos. Na praça em frente à cozinha tinha um soldado da SS. Ele teve certeza de que eram saqueadores que se aproximavam da cozinha e atirou sem advertir. Akkerman levou um tiro na barriga. Uma hora depois, ele estava morto. Quando ouviu sobre o incidente com Akkerman, Hans ficou com a sensação de que algo devia acontecer, porque agora a coisa realmente poderia começar.

Ele foi até a desinfecção. Os espanhóis estavam refletindo e reconsiderando. Alguns eram a favor de se esconder no porão, outros – entre eles Colet – preferiam fugir. Tinham encontrado uma metralhadora em um dos armazéns e, caso se deparassem com pequenos grupos da SS, eles se defenderiam.

Decidiram que Hans e Colet iriam sondar a situação. No Bloco 15, que tinha vista para o portão, a luz estava acesa. Eram os bombeiros, os quais tinham que permanecer ali. Haviam arrastado um piano da sala de concertos e faziam uma barulheira infernal. Como um garotinho que tem medo do escuro e esconde o medo cantando bem alto.

Eles admitiam que a situação era precária, mas não sabiam de nenhuma notícia nova. Os russos ainda estavam antes de Cracóvia, e podia acontecer de tudo até que chegassem a Auschwitz.

Quando Hans e Alfonso saíram, ouviram vozes vindo do portão. Era alemão, algum dialeto incompreensível. Passaram furtivamente pela cozinha e, usando um espelhinho na esquina, viram que eram dois soldados do exército, homens mais velhos, que mantinham a guarda. Os rapazes voltaram escondidos até o Bloco 15 e depois foram andando normalmente para o portão.

"Boa noite", disseram os soldados.

"Boa noite, o senhor está de vigia aqui?"

"Sim, estamos com uma companhia num prédio perto daqui. Um dos soldados queria comprar o relógio de Alfonso em troca de toucinho. Alfonso negociou um pouco com ele, na esperança de descobrir mais alguma coisa, quando de repente apareceu um carro. Eles queriam ir embora, mas era tarde demais. O homem no carro os chamou. Era o *Sturmbannführer*[1] Krause,[2] o mesmo que tinha acabado de fuzilar Akkerman."

"O que vocês estão querendo aqui?"

"Somos enfermeiros e estamos fazendo uma ronda. Toda hora precisamos fazer isso para ver se não há nada estranho, nenhum incêndio nos blocos ou algo assim", inventou Hans.

"Deixem a vigilância por nossa conta e não saiam mais dos blocos. Estou providenciando vagões para os doentes que ainda estão aqui. Quantos são, mais ou menos?"

"Dois mil", exagerou Hans, para tornar a questão dos vagões mais difícil do que era.

"Muito bem, no raiar do dia viremos buscar vocês."

Uma vez de volta à desinfecção, a decisão logo foi tomada. Eles iriam fugir.

Havia três grupos. Um sob a liderança de Klempfner iria para o canteiro de obras, onde conheciam um *bunker*. O segundo grupo se esconderia perto da cidade, no caminho do campo, e os espanhóis iriam para Rajsko, de onde se podia vigiar o caminho para o oeste, ao longo do rio Sola. Estavam todos mais ou menos armados e não se renderiam se fossem descobertos.

Os espanhóis foram os últimos a partir. Com eles, Hans e Van den Heuvel, seu assistente holandês, que podia ir junto a pedido

---

1. Posto paramilitar do partido nazista, equivalente ao de major. (N.T.)
2. Provavelmente o autor se refere aqui ao criminoso nazista Franz Xaver Kraus, que foi *Sturmbannführer* da SS em Auschwitz. (N.T.)

seu. Era 1 hora da madrugada. Atrás do Bloco 28 os fios tinham sido cortados. Na torre havia um prisioneiro, membro da nova polícia do campo. Oficialmente eles tinham que manter a ordem no campo, mas na verdade eles ficavam nas torres e rondavam para verificar se nenhum grupo da SS se aproximava e se o caminho estava livre para aqueles que queriam fugir.

Tudo estava seguro. Fora Krause, não tinham visto nenhum soldado da SS no campo. Os soldados no portão deixavam as coisas correr. Lá fora reinava um silêncio mortal, caía uma nevasca fina, enevoada. Os rapazes andavam, fazendo o mínimo de barulho possível, a pouca distância um do outro, de maneira que cada um pudesse manter à vista o que vinha à frente. Rudi, espanhol vermelho que tinha trabalhado em Rajsko e conhecia bem o caminho, ia à frente.

Em meia hora, eles estavam no vilarejo. Parecia totalmente abandonado. Foram até a casa que Rudi tinha em mente. A porta não estava trancada; entraram e subiram a escada. Quando estavam no sótão, Alfonso acendeu uma pequena vela. Estava cheio de prateleiras que no verão eram usadas no viveiro.

"Batizo esta casa de *'No pasarán'*", disse Alfonso solenemente.

No pasarán, "eles não passarão". O lema dos que eram leais ao governo na guerra civil espanhola. E todos repetiram como uma promessa.

A noite estava extremamente fria, eles tinham levado poucas cobertas e não ousavam acender nenhum fogo no casebre. Não se sabia se ainda havia alemães no vilarejo. Hans não conseguia dormir de tanto frio. Ele pensava o tempo todo em Friedel e em como ela estaria agora, se ainda andava ou talvez estivesse deitada em algum lugar num galpão ou numa fábrica. Tudo poderia ter sido diferente. Se Sara tivesse tido coragem, eles agora estariam juntos. Ali eles estavam bastante seguros. Friedel, ao contrário, que viagem... Não, não queria nem pensar, não podia pensar. Então ele dormiu por alguns minutos, mas sobressaltava-se novamente quando um dos rapazes fazia o mínimo ruído.

Durante a noite, nasceu de seu medo uma visão que não mais o abandonaria: a angustiante imagem de Friedel na neve. Às vezes, ela estava deitada sozinha, com um tiro na nuca, outras vezes, estava sepultada sob uma pilha de corpos. Às vezes, estava deitada com um sorriso tranquilo no rosto, como se no instante final ela tivesse experimentado uma doce lembrança dele, ou seu rosto estava de novo retorcido de medo e horror. Mas sempre isto: Friedel na neve.

Ele ficou louco de alegria quando amanheceu e os rapazes – que tinham dormido bem, em sua maioria, e estavam tranquilos porque sentiam a proximidade da libertação – acordaram. Olharam para as casinhas e campos nevados através da janela do sótão. Podiam ver o caminho ao longo do rio e os grandes moinhos das serrarias. Não se via vida em parte alguma, nenhuma fumaça se retorcia pelas chaminés. Tudo estava completamente abandonado. Suas próprias pegadas tinham sido apagadas pela neve e eles se sentiam seguros.

Havia oficinas nos cômodos do andar de baixo. Ferramentas de carpintaria nas mesas. Jogaram tudo num canto e se organizaram um pouco. Puseram as bagagens nos armários. Hans não tinha muita coisa; uma lata com ataduras e algumas provisões que ele adicionou ao estoque comum.

No porão havia um monte de briquetes. Por um instante, discutiram se deviam ou não acender qualquer fogo. A fumaça poderia ser vista de longe. Mas o desejo de calor venceu a prudência.

À medida que o dia avançava, eles se sentiam cada vez mais à vontade. Primeiro saíam apenas para buscar gelo para tomar a água derretida. Mas depois fizeram verdadeiros passeios de exploração pelo vilarejo, até o campo abandonado onde tinham morado as moças que trabalhavam na horticultura. Eram barracões bonitos; a horticultura tinha sido um bom comando.

Foi doloroso para Hans quando viu o refeitório, as tigelas com os restos de sopa ainda sobre a mesa e por toda parte pequenos pertences que as moças tiveram que deixar para trás jogados e revirados: um novelinho de lã, um emblema, um pente ou um lencinho. O que teria acontecido com essas garotas? E de novo aquela visão.

Mas agora não era hora de sentimentalismo. Arrastaram colchões de palha até seu casebre, utensílios de cozinha e mais todo tipo de conforto que puderam encontrar. O fogo queimava agradavelmente, eles tinham comido bem e, enquanto um vigiava pela janela do sótão, foram dormir sobre os colchões de palha no quarto aquecido. Tinham cobertas suficientes e quando o cansaço e o conforto se uniam e convidavam a dormir, até as mais horríveis e angustiantes visões empalideciam como um canto triste e suave. Assim Hans mergulhou num sono profundo de muitas horas.

No dia seguinte, não aconteceu nada de particular. Não se via vivalma no impressionante deserto de neve. Após três dias, de repente bateram na porta. Eles levaram um susto enorme. Era um soldado do exército alemão. O vigia na janela do sótão não tinha visto quando ele se aproximou, havia um ângulo em que não tinham visibilidade. Com certeza o soldado viera daquele lado.

Refletiram por um instante.

"Deixe entrar", opinou Alfonso.

Eles colocaram seus gorros para não mostrar as cabeças raspadas e abriram a porta. O soldado cumprimentou e não parecia ter a menor suspeita.

Como chegaram ali, a um abrigo tão remoto?

Eles contaram que tinham trabalhado em uma fábrica para além de Cracóvia. Eram trabalhadores civis estrangeiros. Quando os russos vieram, eles fugiram. Tinham caminhado por três dias e agora queriam se recuperar um pouco antes de seguirem em frente. O soldado levou alguns dos rapazes. Tinham que ajudar a levar palha para o barracão, pois logo chegaria uma companhia inteira.

Depois da partida do soldado, Alfonso estourou com Nase, outro espanhol vermelho. Ele ainda estava vestindo uma calça de prisioneiro.

"Palerma, poderia ter criado problema para todos nós! Tinha roupas civis mais que suficientes no campo. Por sorte, um dos rapazes tinha uma calça sobrando."

Assim conviveram com os soldados por alguns dias. Alfonso e Rudi uma vez até foram com eles no caminhão. Pegaram um carregamento de mantimentos da cantina da SS no campo. Os rapazes também receberam uma parte. Latas de leite condensado, macarrão, conservas, carne e garrafas de champanhe. A SS ainda tinha o bastante! Para Hans, trouxeram até um saxofone que encontraram lá.

Uma tarde, apareceu um soldado que era um pouco mais esperto que os outros. Começou a contar uma história sobre *partisans* que eles estavam procurando e olhava para os rapazes como se os examinasse. Hans engatou uma conversa com ele, para tentar puxar um outro assunto. Mas o soldado apontou para ele:

"Você se parece muito com um judeu. Tire um pouco o gorro."

Eles se assustaram e pairou um silêncio doloroso no quarto.

"Ah, que diabos isso me importa", o soldado quebrou a tensão. "Não sou como a maldita SS!"

Eles respiraram aliviados e Hans, que tinha escapado de um aperto enorme, deu ao soldado três latas de leite condensado. Quando o soldado saiu, todos foram para cima de Hans: por que ele não foi mais discreto? Por que tinha agido de maneira tão idiota e dado leite para o soldado, uma tentativa infantil de suborno? Se o sujeito tivesse má intenção, não seria aquilo que o impediria.

Hans admitiu que eles tinham razão.

"Acontece comigo o mesmo que com todos os judeus que estão na clandestinidade, que são pegos e acabam aqui. Na Holanda, sempre havia conflitos por isso. Lá tem todo tipo de judeu: intelectuais, que nunca fizeram política, bem como pequenos comerciantes, que foram para a clandestinidade com a resistência holandesa sem entender nada sobre a situação. Por sua ignorância política, suas atitudes desastradas, eles com frequência entregam a si mesmos e a seus anfitriões e aí acabam aqui. Mas vou ter cuidado agora."

Naquele mesmo dia, os soldados partiram. No fim do dia, quando escureceu, Jacques e Rudi saíram. Foram até o campo para ver se havia alguma novidade. Não, nada de especial. O campo estava completamente sem vigilância e vivia-se bem. É verdade que a maioria estava muito doente, mas ainda havia enfermeiros e clandestinos suficientes para manter tudo em curso. Apenas tinham ouvido falar que ainda devia haver muitos milhares de mulheres em Birkenau.

Essa notícia em particular interessou Alfonso:

"Muitos milhares, como é possível? Birkenau já estava quase vazio quando a evacuação começou na semana passada, e mais umas 3 mil mulheres saíram em marcha. Vieram para cá passando pelo nosso campo feminino. Então talvez mulheres que foram levadas pelo transporte tenham voltado. Então talvez seja mesmo verdade que eles foram fechados pelos russos. Vou até lá amanhã cedo, preciso me informar sobre o que se passa. Você vem junto, Jacques?"

"Deixe-me ir também", pediu Hans. "Talvez Friedel esteja lá."

"Você? Você pode estragar tudo."

A princípio, Hans não respondeu. Tudo ficaria bem.

Depois de muita conversa, Hans pôde ir junto.

Tinha que fazer exatamente o que Alfonso dizia, não podia se afastar dos outros e não podia conversar com estranhos caso eles encontrassem alguém no caminho. Apenas riu de maneira desdenhosa. Eles não tinham mais muita confiança em sua capacidade como *partisan*, mas mesmo assim o levaram, porque essa jornada era muito importante para ele.

O dia tinha apenas raiado quando eles saíram. Alfonso caminhava na frente. Depois de refletir muito, acabou deixando a metralhadora na casa. Passaram pelos barracões das moças e chegaram ao campo aberto. A camada de neve estava com uns 30 centímetros de altura, mas isso não incomodava. Estavam com botas de cano alto e meias de lã.

Depois de uma hora chegaram à estrada de ferro. Dali se viam todos os barracões de Birkenau. No portão do campo, viram uma mulher sentada na neve, encostada num poste. A mulher fez um gesto lento com a mão. Hans se agachou ao lado dela.

"Já é hora de comer?", disse a mulher, em um tom quase inaudível.

Então caiu no sono novamente. Com certeza estava havia muito tempo na neve.

Jacques impeliu Hans a continuar andando:

"Ou será que você quer ajudar todas as mulheres que estão na neve?"

Jacques tinha razão. Eles caminhavam acompanhando a estrada de ferro, que cruzava a grande cidade de barracões. Dos dois lados dos trilhos, fileiras infinitas de barracões. Tudo branco, tudo morto. A rua central, a Lagerstrasse, corria junto aos trilhos, e ali, ao longo da rua – Jacques tinha razão –, estavam as mulheres, uma a cada 10 metros.

Eram quase todas mulheres mais velhas, fracas, que não aguentaram a caminhada da morte já no começo, que talvez já tivessem esmorecido durante a chamada de horas e horas. Estavam todas caídas em posições bizarras. Hans tinha visto muitos cadáveres, mas nunca tão estranhos. Algumas tinham envolvido os braços nas pernas, outras estavam com um braço erguido, como se no último instante ainda tivessem tentado se levantar. Porém todas estavam com a cabeça coberta do sangue do tiro na nuca que seus piedosos acompanhantes lhes deram para livrar-lhes do sofrimento, ou no fundo para evitar mesmo que elas talvez fossem libertadas pelos russos.

Muitas mulheres estavam quase nuas, as roupas tiradas do corpo por pessoas nas cercanias. Nenhuma delas calçava sapatos.

Quando tinham andado cerca de meio quilômetro entre os barracões, viram rastros na neve que se desviavam da rua principal entre duas fileiras de barracões. Seguiram os vestígios.

Algumas centenas de metros adiante, o primeiro ser vivo. Uma mulher, uma menina ainda. Ela viu os homens e correu para dentro de um barracão. Eles foram até lá e Alfonso abriu a porta com um empurrão. A respiração parou e as pernas recusavam a se mexer. A ânsia que os tomou de assalto era como a do doente que sente a morte rastejando em sua direção no doce e doloroso odor de clorofórmio. Hans se segurou no umbral da porta, pois esse inferno de centenas de criaturas miseráveis, esse depósito de tantos seres humanos, todos num estado entre a vida e a morte, fez com que sentisse vertigem.

Os olhos ficaram fixados naquela visão de miseráveis corpos vivos e cadáveres afortunados, que aqui jaziam misturados. E em meio a tudo aquilo, a mescla de suaves lamentos e, quando os homens apareceram, gritos de angústia e pedidos de socorro. Eles se controlaram e entraram no barracão.

Falaram com as mulheres mais fortes e ouviram a todo momento a mesma história. Seis dias atrás todo o campo teve que se alinhar. Todas as enfermeiras e doentes que podiam também tiveram que participar. O resto ficou na cama. Ninguém lhes deu comida, ninguém cuidou delas, ninguém retirava os cadáveres. Ninguém mais tinha forças. Eram poucas as que ainda podiam sair para fazer suas necessidades. Todas as outras faziam na cama mesmo. E o fedor dos excrementos se misturava com o odor dos cadáveres e dos gases que eram produzidos pelas pernas e braços pretos, necrosados com o frio.

Falaram com uma garota tcheca. Todas essas mulheres eram de Birkenau. Não, ela não sabia nada sobre transportes que teriam retornado. Ela própria tinha sido levada com os pais e a irmã de Theresienstadt para Birkenau. Como eram gêmeas, inicialmente a família toda foi poupada, pois exames de sangue em gêmeos era um *hobby* do *Lagerarzt*. Mas depois perderam o pai de vista e a mãe morreu de disenteria dois meses atrás. Agora ela estava ali com a irmã num mesmo leito. Sua irmã tinha morrido na noite anterior. Antes de morrer, ela pediu para ser virada para que pudesse olhar a irmã nos olhos uma última vez. Conseguiram com um esforço conjunto. Hoje ela também morreria, estava acabada.

Hans execrou aquilo. Pensou na família, pai, mãe e duas meninas jovens... Imaginou-os em Praga. Era verão, tinham ido caminhar e se sentar no terraço de um café, beber algo refrescante. O pai falava sobre seus negócios e a mãe o elogiava por dar sempre o melhor de si, e agora, depois de anos de trabalho, tinha realizado seu ideal. E as irmãs gracejaram quando um colega de escola passou e as cumprimentou timidamente.

"Então", disse o pai, "quem de vocês duas é a felizarda?"

Elas coraram e toda a família riu.

E agora, a família inteira estava destruída. A última estava aqui, com os pés congelados, esperando a morte, chorando com a cabeça contra o corpo de sua linda irmã.

Foram até o barracão seguinte. Havia um homem parado na porta, um húngaro.

"Como o senhor chegou aqui?", perguntou Jacques.

O homem estava nervoso, ele se virou como se alguém o ameaçasse pelas costas. Ele agarrou Jacques pelo braço. Depois o soltou. Passou a mão na cabeça e olhou de novo para trás. Ele dava a impressão de estar totalmente confuso. Com um alemão ruim, ele disse:

"Semana passada no transporte. Nossa tropa tinha 1.200 homens. Viagem terrível, andando dia e noite. Eu tenho boas pernas, era um bom comando, mas tantos estavam exaustos. Pelo menos 100 foram eliminados no primeiro dia. Quando caíam na neve, o soldado da SS contava até três e depois atirava. Depois de um dia, tínhamos caminhado 40 quilômetros. Depois continuamos. Cem quilômetros em três dias. Só sobraram 70. Todos os caminhos da Alta Silésia estão cheios de cadáveres. Na noite do terceiro dia, algo não estava bem. Nós ficamos parados e os soldados da SS discutiam muito. Parece que nosso caminho estava obstruído pelos russos. Continuamos por um atalho num bosque. Era um caminho pantanoso e os homens da SS andavam pelos cantos, alguns metros acima de nós. De repente eles começaram a atirar. Eu me joguei contra o tronco de uma árvore. Essa foi a minha salvação. Depois que a SS partiu, eu levantei. Vários não estavam mortos, estavam caídos, gemendo, mas não podiam mais continuar, tinham levado tiros na barriga ou na perna. Começamos o caminho de volta em três. Durante o dia nos escondíamos e à noite continuávamos. Às vezes, recebíamos alguma comida de camponeses."

"Foi assim com todos os transportes?", perguntou Hans.

"Não sei, mas são muitos os que não veremos novamente."

Não, não lhe sobrou muita esperança, a visão deve ser realista. Estranho que a vida continue mesmo assim, a Terra continua girando. Temos a sensação de que nós e os que amamos são o centro do universo. Mas o universo não se importa se estamos felizes ou se morremos na neve.

Entraram no segundo bloco. Ali Hans encontrou uma garota holandesa. Chamava-se Adelheid. Suplicou ajuda a Hans. Ele lhe deu um pedaço de pão que tinha no bolso. Ela o agarrou como um animal faminto e as mulheres perto dela se levantaram para também ganhar alguma coisa.

Hans prometeu e prometeu. O que mais poderia fazer? Mas ele sabia que não poderia cumprir suas promessas, sabia que não podia ajudar. Mesmo que levasse tudo o que pudesse para aquele lugar, não ajudaria, só causaria brigas e novos problemas. Pois havia cinco barracões como este. Duas mil mulheres e, entre elas, centenas de cadáveres. Quem poderia ajudar? Os russos? Onde eles estavam, então? Por que o som dos canhões não se aproximava?

Naturalmente, essas 2 mil infelizes pesavam pouco no balanço de milhões que Berlim carregava em sua consciência. Mas elas eram o que restou do maior de todos os dramas dessa guerra. Elas eram as letras que, por acaso, ainda estavam escritas na página mais negra da história... "Birkenau."

Já era noite quando retornaram a *No pasarán*. Estavam sentados junto à estufa, que estava incandescente. Van den Heuvel fazia café quando, de repente, Alfonso, que estava na vigia, gritou para os rapazes:

"Uma mulher com a cabeça enfaixada."

Os rapazes se acotovelavam na janela do sótão e combinavam o que iriam fazer. A moça estava a algumas centenas de metros deles e andava devagar, como que tateando, por entre as casas. Na escuridão, não podiam distinguir que tipo de pessoa era, mas a atadura branca que ela tinha na cabeça era claramente visível.

"Jacques e Rudi podem ir até ela", sugeriu Alfonso. "Tenham cuidado."

"Está bem, então primeiro vamos até o mirante e depois voltamos, assim cruzamos com ela."

Eles saíram. Depois de alguns minutos estavam diante dela. A moça levou um susto. Perguntou em alemão quem eram eles.

"Trabalhadores da região. Podemos ajudá-la?"

Ela olhou para os homens por um instante, indecisa, e se apoiando no umbral de uma porta não pôde mais se controlar e começou a chorar. Jacques a envolveu com seu braço e a levaram assim para *No Pasarán*. Quando viu os rapazes com suas cabeças raspadas junto à estufa, ela sorriu através de suas lágrimas. Eles a deixaram sentar junto ao fogo e Van den Heuvel serviu café. Max arremeteu-se imediatamente contra ela.

"De onde você vem, como se feriu?"

Ela ficou atordoada.

"Que diabos, homem, dê um tempo para que ela conte sua história", retrucou Hans com aspereza.

A moça olhou para ele.

"O senhor é holandês?", ela perguntou em holandês.

Hans ficou surpreso e se apresentou a ela.

"Lembro-me do senhor de Westerbork", ela respondeu. "Eu me chamo Roosje… Eu estava no registro."

Ele pôs a mão no ombro dela e lhe disse que agora descansasse.

"O que aconteceu com a sua cabeça?"

"Uma coronhada, um camponês a enfaixou."

A atadura não era mais que uma tira de lençol. Hans pegou sua lata, enquanto Rudi tirava a atadura velha. Todo o cabelo era uma massa de sangue coagulado.

"Como posso limpar sem água oxigenada?"

"Corte", ela disse. "Está mesmo com piolho."

Hans admirou o pragmatismo dela e, embora objetasse, raspou a cabeça da jovem. A ferida não era tão grave, porém espalhava-se por todo o couro cabeludo. Ela sentia muita dor, mas conteve-se valentemente. Assim que já estava enfaixada, foi se deitar na pilha de colchões. Todos ficaram em silêncio e tomaram seus cafés.

De repente ela começou a falar:

"Estive num campo de trabalho perto de Neu Berun. Fiquei lá por quatro meses com minha mãe e minha irmã. Minha mãe morreu no mês passado."

"Quando você veio de Westerbork?"

"Meio ano atrás nós fomos para Theresienstadt. Depois, ficamos uma semana em Birkenau e, em seguida, tivemos que ir para o campo de trabalho. Éramos cerca de mil mulheres entre 14 e 60 anos. Oficialmente, o limite era de 16 a 50, no entanto muitas mulheres mais velhas, por medo, disseram que tinham menos de 50. Primeiro ficamos abrigadas em barracas de lona, mas quando a primeira neve caiu em novembro, recebemos barracas de madeira. Cada barraca era feita para 40 pessoas, mas tínhamos que usar em 100. Desse jeito, fomos tomadas por piolhos e sarna."

"Como vocês eram tratadas?"

"Com trabalho pesado. Éramos vigiadas por 20 soldados de uniformes pretos, do serviço especial da SS. Tinham consigo um *Oberscharführer* e um líder político. Nós recebíamos 300 gramas de pão e 1 litro de sopa por dia. Nunca havia nada extra nem nada para roubar. Em quatro meses, 200 morreram. Minha mãe também."

"Havia um posto?"

"Sim, tinha uma barraca-hospital. As húngaras chamavam de 'sala de espera'. Só se ia para lá quando se estava totalmente acabada, para esperar a morte. Ah, todas nós esperávamos pela morte, nossa situação era bastante miserável."

"Havia um médico também?", perguntou Hans.

Max interpelou bruscamente:

"Não a interrompa o tempo todo."

"Quando minha mãe morreu, nós mesmas tivemos que cavar sua cova. Nunca me senti tão miserável em minha vida. Para minha mãe, a morte foi uma libertação, ela sofreu horrivelmente. Ela sempre foi uma mulher sensata, interessada por tudo, mas nos últimos tempos só falava sobre comida. Tinha uma diarreia terrível e pernas inchadas. Continuou trabalhando até quatro dias antes de morrer. Não sei como eu ainda posso viver. Meu pai morto, minha mãe também e minha irmã desaparecida."

Ela suspirou e parou de falar por um instante.

"E onde está a sua irmã?", questionou Alfonso.

"Eu a perdi. Na semana passada, vimos os detentos de Auschwitz marchando pelas estradas. Eram colunas intermináveis."

"Havia muitas mulheres?", perguntou Hans.

"Sim, mas não pudemos falar com ninguém, nossos guardas nos mantiveram a distância. Pensamos que também partiríamos logo, mas continuamos trabalhando até anteontem. Acho que nos mantiveram por tanto tempo porque fazíamos barreiras antitanque. Ontem de manhã cedo, repentinamente disseram: 'Alinhem-se todas'. Só as doentes e as mulheres que não tinham sapatos deviam ficar. Juntas, eram mais de 200, pois muitas mulheres tinham sapatos tão gastos que trabalhavam descalças na neve. Quinhentas mulheres saíram em marcha. Não sei o que aconteceu com elas. Nós que ficamos para trás contávamos com a morte. Ela se calou e mordeu os lábios."

"Por que não pode falar mais?", quis saber Hans.

"Ah, vocês não iriam acreditar em mim."

"Por que não? Sabemos muito bem que com a SS tudo é possível. Quando ainda estava na Holanda, também não queria acreditar no que a rádio inglesa contava sobre a morte de judeus poloneses em câmaras de gás. Mas agora, infelizmente, sabemos de tudo."

Ela deu de ombros.

"Na Holanda também não acreditarão em nós, se algum dia voltarmos e contarmos tudo."

"Vamos saber fazer que acreditem em nós, e os relatórios oficiais que comprovarão a verdade de nossas histórias aparecerão. E se mesmo assim alguém ainda não quiser acreditar, simplesmente perguntarei então onde estão minha mãe e meu pai, meus irmãos e milhares de outros..."

"Talvez você tenha razão, doutor... Quando a tropa grande saiu em marcha, ficamos para trás com 200 mulheres, o *Oberscharführer* e dois guardas. O *Oberscharführer* foi a dois blocos e deu uma injeção em todas as mulheres. A injeção, segundo ele, era contra tifo e tinha que ser aplicada na veia. Mas nós sabíamos muito bem para que eram aquelas injeções. Ele não injetou bem nas veias e por isso duas moças morreram. Não podiam mais falar e morreram após poucas horas, em estado de confusão. Ao que parece, o *Oberscharführer* não tinha material suficiente, pois deu a injeção só numas 50 mulheres. À tarde, ele veio aos blocos com dois soldados da tropa de choque e fez com que todas que conseguiam se movimentar se alinhassem do lado de fora. Era uma tropa miserável com uma centena de mulheres seminuas, descalças na neve. A maioria tinha se enrolado numa coberta. Elas só tinham um único desejo: sofrer o mínimo possível. Não se via nenhum medo em seus rostos encovados; havia quatro meses, todas sabiam do que se tratava, todas sabiam que isso aconteceria. Chega de fome, chega de frio, chega de feridas, piolhos e sarna."

"Mas vocês então não tinham entendido que os russos estavam perto? Não tinham nenhuma possibilidade de se salvar, resistir, afinal eram só três homens da SS?"

Era Alfonso quem falava, o enérgico espanhol combatente da guerra civil. Arremessou essas palavras a ela como o protesto de alguém que lutou pela vida, contra o que para ele parecia uma covardia impensável.

Ela sorriu diante do ataque.

"Ah, várias fugiram, mas a maioria mal podia mover um pé, consumidas como estavam. Não, a morte não vinha como uma inimiga, mas como libertadora. Uma húngara, chamava-se Judith, ficou chorando. O *Oberscharführer* lhe deu um empurrão no peito: 'Pare de chorar, sua estúpida'.

'O que o senhor vai fazer conosco, *Oberscharführer*?'

'Vou matar vocês todas.'

'Eu queria tanto rever meus pais.'

'Você os verá, no outro mundo.'

"A tropa se pôs em movimento. Devagar, pé ante pé, uma apoiando a outra e seguindo em frente. Íamos em direção à barreira antitanque que nós mesmas havíamos cavado. Eram 300 metros. A caminhada durou quase meia hora. Sempre tinha uma que tentava fugir, mas geralmente não custava muito ao *Oberscharführer* para alcançá-la. Mesmo assim, algumas conseguiram. Na metade do caminho, encontrei minha irmã. 'Temos que tentar', eu disse. Ela não queria, não se sentia em condições de fazer esforço. Porém quando o *Oberscharführer* foi perseguir uma mulher mais velha, que tinha saído uns 50 metros da fila, e os guardas do outro lado da fila ficaram olhando, puxei minha irmã e andamos o quanto podíamos. Mas o carrasco voltou rápido demais e foi atrás de nós. Estávamos a no máximo 100 metros de distância. Anja já quase não aguentava. Só havia uma chance. Gritei para Anja se jogar. Ela rolou numa vala e eu corri o máximo que pude. O *Oberscharführer* deixou Anja em paz e veio atrás de mim. Foi o momento mais difícil da minha vida, eu estava acabada."

Ela ficou em silêncio por um instante, lágrimas lhe vieram aos olhos.

"Eu me entreguei e voltei com o *Oberscharführer*. Chegamos à cova e tivemos todas que deitar de bruços. Os soldados da SS deram três salvas de tiros com suas metralhadoras. Eu ainda estava viva, mas com a cabeça delirando e apenas um desejo: 'Deus, deixe-me morrer'. Não dava mais para suportar. E lá estavam os três homens, e eles completaram seu trabalho dando coronhadas na cabeça das vítimas. Ainda vi como o sangue respingava ao redor e coloria tudo de vermelho, as mulheres, os três homens e a neve branca. Então também levei uma coronhada e tudo acabou."

A garota deu um suspiro profundo.

Jacques acariciou-a de leve no braço. Ela sorriu um pouco, como alívio, como alegria, por ter podido desabafar e abrir seu coração para camaradas em quem podia confiar.

"Eles fizeram mal o seu trabalho. Depois de pouco tempo, talvez uma hora, retomei a consciência. Estava na cova em meio às mulheres assassinadas. Ainda estava viva. Senti que algo tinha mudado em mim. Que precisava continuar a viver, que queria viver para contar isso, para convencer as pessoas de que isso aconteceu de verdade... Por vingança, por minha mãe, por meu noivo e por todos os milhões que foram assassinados. É um tema com variações: câmara de gás, enforcamento, afogamento, fome e mais. Experimentei a morte e posso contar, tenho que contar e farei isso."

Ela ficou em silêncio mais uma vez e olhou para os rapazes. Estavam imóveis, com os rostos contraídos, escutavam os estrondos dos canhões.

"Dez quilômetros", disse Jacques e começaram a se mexer.

Mais 10 quilômetros e eles estariam livres. Não, não livres, pois tinham uma tarefa, um objetivo de vida que os ligava. Precisavam gritar para o mundo o que tinham vivido. Sentiam-se como os apóstolos de uma vingança, tão profunda que extirparia para sempre a barbárie na Terra. Assim a vingança purificaria o mundo e o abriria para um novo humanismo.

"Eu estava quase congelada e sentia muita dor na cabeça, mas consegui sair da cova. Fui cambaleando até o lugar onde Anja tinha se jogado. Ela não estava mais lá, no entanto eu vi seus rastros na neve e acreditei que ela tinha conseguido se salvar. Cambaleei um pouco mais até os blocos. Lá dentro estavam os corpos das mulheres que não puderam sair em marcha e que certamente foram atacadas depois de nós. Quando cheguei ao Bloco 8, o bloco do tifo, senti uma alegria enorme. O bloco estava vivo. Como por toda parte, também ali eles não tinham completado o trabalho. O *Oberscharführer* com certeza falou a sério quando disse de manhã: 'Os doentes de tifo morrerão por conta própria!'. Deitei-me sobre a palha e dormi. No fim do dia, passamos por mais um grande susto, o exército! Mas os soldados não nos fizeram nada. Pelo contrário. Eles esvaziaram o armazém do campo e nos deram um pouco de comida e roupas. Quando escureceu, eu fui embora. Queria ir para Birkenau, pois pensei que Anja também teria ido para aquele lado, na esperança de encontrar seu marido. Foi uma jornada pesada na neve e, quando amanheceu, eu estava completamente perdida. Um camponês me levou com ele, me enfaixou e me deu comida. Dormi o dia inteiro. No fim do dia, continuei a caminhar e agora…"

Eles ficaram com a impressão de que o perigo da SS tinha passado e que nas derradeiras horas que viriam agora talvez o campo tivesse mais chance de ser poupado de um combate do que aquele vilarejo abandonado. Por isso vários rapazes voltaram para o campo. Em seu pavilhão, olharam para Hans como se ele fosse um fantasma. Japie, o jovem assistente holandês, ficou louco de alegria. Ele tinha passado muito medo.

Hans foi se sentar com o engenheiro Gedl.

"Você tinha razão, rapaz, de ter escapado."

"Como assim?"

"Não ouviu falar do que aconteceu aqui ontem? Às 3 da tarde veio uma equipe de soldados da SS, os cachorros do comando de extermínio, vestidos de preto e armados até os dentes. Entraram nos blocos e enxotaram todos para fora a coronhadas. O coitado do velho Zlobinsky ficou com a cabeça arrebentada. Mesmo os doentes mais graves foram para fora. Foram amparados pelos enfermeiros e pelos outros doentes que ainda podiam caminhar. Então nos disseram que podíamos voltar para dentro. Eles iriam buscar carros para nos levar para o trem, e quando chamassem novamente, tínhamos que nos alinhar de imediato. Depois disso, foram para Birkenau e fizeram a mesma coisa lá. Muitos lá não conseguiram sair da cama. Saíram em marcha em direção a Auschwitz com cerca de mil doentes de Birkenau. Quando estavam a algumas centenas de metros do campo, chegou um carro. Eles gritaram alguma coisa. Os soldados da SS pularam no veículo e depois não foram mais vistos. A maioria então voltou para Birkenau. Alguns que podiam andar melhor vieram para Auschwitz."

"O senhor sabe o que eles gritaram do carro?"

"Segundo pessoas que estavam perto, gritaram: 'O trem já está aqui'. Às 7 horas viria um trem para levar todos os homens da SS deste distrito para um local seguro. Esse trem chegou algumas horas antes e todos nós devemos nossa vida a isso."

"O senhor tem tanta certeza de que eles queriam matar todo mundo?"

Gedl mandou Japie ao andar de cima para buscar alguém. Era um homem pequeno. Ele parecia mal, mas tinha firmeza em sua postura.

"Dr. Weill, de Zarni Podebsadi, na Eslováquia."

Hans lhe estendeu a mão.

"Agora o senhor logo estará em casa."

"Casa é um termo relativo. Minha família inteira foi liquidada aqui. Enfim, escapei por pouco ontem. Eu era médico em Trzebinia, um comando de mineração a trinta quilômetros daqui. Seiscentos homens foram levados no transporte. Fiquei para trás com 90 homens, principalmente doentes. Ontem por volta do meio-dia, chegou uma equipe da SS, 12 homens. Fizeram todos que podiam caminhar se alinhar em frente ao barracão. Em poucos minutos, mataram com tiros de revólver todos os doentes que ficaram na cama. Éramos mais ou menos 40 homens que ainda podiam andar. Tínhamos que fazer uma fogueira de sacos de palha e colocar os corpos ali; uma camada de palha, uma camada de corpos, e toda vez que acabávamos de tirar um carregamento do barracão, eles retinham 10 de nós e também os matavam. Um soldado da SS me perguntou três vezes: 'O senhor não está cansado, doutor?'. Não sei por que eu continuei dizendo que não. Não fazia diferença. De qualquer forma, eu estava levando os últimos corpos do barracão para a fogueira quando um homem à paisana veio na minha direção. Eu o conhecia, era um monitor da mina da Gestapo. Eu tinha arrumado um medicamento para ele certa vez. 'O senhor não quer pular por cima do arame farpado, doutor?' Pensei que ele estivesse brincando comigo, mas o que eu tinha a perder. Miraculosamente ele falava sério. Eles me deixaram escapar."

"É, rapaz", acrescentou Gedl, "foram os mesmos caras da SS que vieram para cá uma hora depois. Você entende o que teria sido de nós. Por sorte os heróis pensaram mais em como ir embora com o trem do que em cumprir sua 'obrigação' conosco. Todos nós só estamos vivos graças a uma sucessão de milagres."

"Precisamos de açúcar, do contrário não posso fazer panquecas", decretou Japie.

Hans tinha visto açúcar em algum lugar. Achava que era no Bloco 14. Foi até lá com um saco.

No Bloco 14 não tinha nada e ele foi para o Bloco 13. No porão do Bloco 13, encontrou três homens. Fumavam um cigarro e estavam tão tranquilos, como se nada de mais estivesse acontecendo. Hans cumprimentou-os e perguntou se por acaso tinham visto açúcar. O mais velho sorriu:

"Não vimos nada aqui, viemos ontem de Birkenau." Ele falava um alemão muito ruim.

Hans perguntou de onde ele era e se por acaso preferia falar francês. Assim a conversa foi melhor. O homem se apresentou: Kabeli, ou melhor, professor Kabeli, dava aulas na faculdade de Letras de Atenas. Hans sentou-se com eles. Perguntou em qual comando o professor tinha trabalhado.

"Operações especiais."

Hans levou um susto: era a primeira vez que encontrava alguém que tinha trabalhado com o comando de operações especiais. Agora que tudo tinha acabado, ele ouviria precisamente como as coisas tinham acontecido em Birkenau.

O professor sorriu:

"O senhor não ousa perguntar nada, mas eu não acho desagradável contar. Quando o senhor voltar para a Holanda, tem que divulgar tudo com precisão, não é?"

"O senhor ficou muito tempo no comando de operações especiais?"

"Um ano. No geral, vivia-se ali de dois a três meses, mas eu tinha proteção e por isso escapei."

"Pode me contar sobre os crematórios?"

"Claro. Havia quatro crematórios: 1 e 2 ficavam perto do trem, 3 e 4, no bosque de abetos atrás do campo dos ciganos, no canto norte. Eu trabalhava com muitos gregos nos crematórios 3 e 4. Deixe-me fazer um esboço do crematório 3. Chegavam umas 700, até mil pessoas, ao mesmo tempo. Tudo misturado: homens, mulheres e crianças, bebês e idosos, saudáveis e doentes. Geralmente, mulheres e homens jovens e fortes eram separados no trem, mas com frequência os transportes vinham inteiros para o crematório. As pessoas então iam primeiro para a sala de espera A e depois passavam por um corredor estreito até o cômodo B. Lá havia todo tipo de máximas nas paredes, como: 'Mantenha-se limpo', 'Não esqueça seu sabão', para que as pessoas até o último instante tivessem a ilusão de que estavam entrando em um lavatório. Naquela sala B eles tinham que se despir completamente. Em todos os quatro cantos havia um soldado da SS com uma metralhadora. Mas eles nunca precisavam usar, todas as pessoas eram tranquilas. Mesmo aquelas que compreendiam que iriam morrer ali sentiam a inutilidade de resistir. Se não há perspectiva de lutar contra a morte, que o sofrimento seja o mais breve possível. Às vezes, quando chegavam muitos transportes, havia pressa. Então o comando de operações especiais tinha que entrar em cena e cortar as roupas das pessoas do corpo, relógios eram quebrados

dos braços e joias arrancadas dos dedos. Cabelos compridos eram cortados, pois tinham valor industrial. Assim, toda a tropa entrava no 'lavatório'. Era um cômodo grande, iluminado artificialmente. Três fileiras de chuveiros no teto. Quando todos estavam dentro, a grande porta batia. Era movida a eletricidade e tinha borracha nas beiradas para fechar hermeticamente. Então acontecia o drama. O gás ficava em latas. Nas latas havia grânulos, do tamanho de ervilhas, provavelmente cristais condensados do gás, cianureto de hidrogênio, o 'ciclone'.[3] Havia buracos no teto entre os chuveiros. O soldado da SS jogava o conteúdo das latas por esses buracos e, em seguida, fechava de novo rapidamente. Então era gerado o gás e em cinco minutos estava tudo acabado. Muitas das vítimas jamais tiveram consciência do que realmente acontecia com elas, mas aqueles que sabiam, com frequência tentavam prender a respiração e assim muitos morriam em posição convulsiva. Às vezes também era diferente: lembro-me como, certa vez, 250 crianças judias polonesas deveriam ir para a câmara de gás. Quando elas tiraram as roupas, fizeram espontaneamente uma longa fileira e, cantando 'Shemá Israel', a oração judaica dos moribundos, foram em perfeita disciplina para a câmara de gás. O soldado da SS olhou seu relógio, os alçapões tinham que ficar fechados por cinco minutos. Então ele apertava um botão e dos dois lados da câmara de gás se abria – movida a eletricidade – uma fileira de alçapões. Quando o gás tinha saído o suficiente, o comando de operações especiais entrava. Tinha consigo varas longas com ganchos na ponta. O gancho era colocado no pescoço da vítima e o corpo era arrastado para o crematório que o senhor vê indicado com o D no esboço. Havia quatro fornos e em cada forno iam quatro corpos

---

3. O gás utilizado era denominado Zyklon B (que em alemão significa ciclone B), um pesticida composto de cerca de 98-99% de cianureto de hidrogênio. (N.T.)

ao mesmo tempo. As grandes portas de ferro se abriam, o carreto rolava para fora. Os corpos eram colocados em cima e empurrados para dentro. As portas se fechavam e quinze minutos depois tudo estava feito. Assim um crematório com seus quatro fornos podia processar muito. Mas às vezes isso não era rápido o suficiente. Então a SS também sabia o que fazer. Atrás do crematório tinham sido cavadas duas grandes valas, como o senhor vê aqui: 30 metros de comprimento, 6 metros de largura e 3 metros de profundidade. No fundo, grandes troncos de árvore; sobre eles, gasolina. Isso fazia um fogo enorme, que podia ser visto num perímetro de quilômetros. Numa vala assim eram colocados mil corpos de uma vez. A queima durava vinte e quatro horas, depois podiam pôr um novo carregamento. Levavam tudo em conta. Então havia também um escoamento. Das valas saía um canal para um pequeno barranco, a algumas dezenas de metros de distância. Por esses canais a massa queimada caía no barranco. Eu garanto ao senhor que vi com meus próprios olhos como um homem que trabalhava perto da fogueira desceu no canal e mergulhou seu pão na gordura humana que escorria. É preciso sentir muita fome.

"Em 5 de junho de 1944, chegou um transporte especial de crianças húngaras. Como acontecia com frequência numa época de muitos e grandes transportes, os homens da SS não tiveram nem mesmo paciência para esperar decentemente cinco minutos até que o gás tivesse surtido efeito. Então tivemos que jogar as crianças ainda meio vivas na vala. Um grego, Lotsi Mordechai, não pôde suportar. Pulou na vala. Muitos já não aguentavam mais. Alexander Hereirra, também grego, de figura atlética, fez um acordo com três poloneses e seis russos para destruir os crematórios 3 e 4. Alguns dias depois do suicídio de Lotsi Mordechai, Hereirra matou o sargento da SS com um golpe de pá. O acordo não deu certo. Hereirra foi morto e, à noite, no campo D – onde ficavam todos os comandos ligados ao extermínio – ele foi exibido durante a chamada. Mas o crematório 3 não durou muito mais tempo. No dia 2 de outubro de 1944 eclodiu uma rebelião.

"Houve um complô entre os 243 gregos e as outras nacionalidades do comando de operações especiais. Eles conseguiram escamotear da fábrica Union uma metralhadora com 2 mil cartuchos. Tinham gasolina de sobra. Jogaram-se sobre os soldados da SS e os derrubaram. O crematório foi aceso, os guardas junto à cancela foram mortos. Infelizmente, na última hora, centenas ficaram com medo e não colaboraram. Em dez minutos, toda a SS de Birkenau tinha se mobilizado. A SS de Auschwitz também veio reforçar e nossos homens, que já estavam fora da cancela, foram cercados! Vinte e cinco foram mortos imediatamente, os outros foram queimados no dia seguinte. Também vinte homens de todos os comandos que trabalhavam em torno do crematório. Os poloneses delataram os nomes dos organizadores da rebelião. Tenho orgulho por terem sido gregos, cinco heróis: Baruch, Burdo, Carasso, Ardite e Jachon.

"Em 24 de outubro aconteceram as últimas 'comissões'. Em 12 de dezembro de 1944 teve início a demolição do crematório. Vinte e cinco homens, gregos, poloneses e húngaros do comando de operações especiais, foram designados para trabalhar na destruição. Eu participei. Não sobrou mais ninguém dos que viviam no campo D. Nós éramos os últimos em todo o campo, assim fomos esquecidos na hora da evacuação e agora posso contar tudo isso ao senhor."

"Como seria possível vingar isso algum dia?", comentou um dos outros, depois de um longo silêncio.

"Não dá para vingar", considerou Hans. "Só é possível exterminar toda essa corja da SS."

"Então você acredita que só a SS, ou melhor dizendo, o partido, é responsável?", perguntou Kabeli. "Todo o resto do povo é formado por anjos?"

"Com certeza, não", admitiu Hans. "Todo o povo alemão é responsável. Agora eles estão perdendo a guerra e renegarão seus líderes. Mas se tivessem vencido, ninguém jamais questionaria o *Führer* sobre os meios utilizados por ele para isso e nem onde tinham ido parar todos os comunistas e judeus."

"Então devemos matar todo o povo alemão na câmara de gás como punição?"

"Certamente não, meu senhor, mas os que pertenceram à SS, Gestapo etc. teriam que ser exterminados, para evitar que mais tarde eles voltem a levantar a cabeça. O resto do povo alemão terá que ser mantido sob tutela até que tenha crescido uma nova geração, educada de forma humanista e sem a influência militar de aristocratas e do grande capital. Então talvez, depois de muitos anos, um povo socialista alemão poderá viver por conta própria."

Na manhã seguinte, balas batiam contra as paredes dos blocos. Foi misterioso, não se via nenhum soldado. Hans ajudava no ambulatório do Bloco 21, no canto sul do campo, perto do rio Sola.

Houve um golpe enorme, a argamassa caiu do teto e várias vidraças arrebentaram. Ele olhou para fora. O rio corria rápido, cheio com a neve que degelava. E ali, entre os blocos de gelo, flutuavam vigas e tábuas, os restos da ponte.

"Explodiram a ponte."

Eles entenderam que agora tudo tinha terminado. Os alemães tentaram retardar a perseguição russa, mas o grosso de seu exército já devia estar a muitos quilômetros dali. O campo estava fora de perigo. Sem que eles percebessem, já estavam havia um dia inteiro em terra de ninguém. Algumas horas mais tarde, os primeiros russos. Vieram caminhando em seus uniformes de camuflagem brancos como se não estivesse acontecendo nada de mais. Andavam no meio da rua, como se não existissem alemães. Quando viram os prisioneiros em seus uniformes, sorriram e ficaram em silêncio. Com certeza pensaram em seus pais, assassinados pelos nazistas; suas mulheres, que foram estupradas; sua terra, que foi transformada num deserto. E os prisioneiros pensavam em suas mulheres e seus filhos, em todos os que não encontrariam mais.

Houve um aperto de mão longo e agradecido, mas nenhum grito de alegria saiu das gargantas apertadas de emoção.

Agora tudo era diferente. Agora o sonho tinha se tornado realidade. O arame tinha sido cortado em vários lugares, mastros foram quebrados e um animado trânsito de cavalos e carretas e caminhões entrava e saía do campo. O tempo estava esplêndido, o sol já tinha novas forças, a neve pingava dos telhados por toda parte. Era como se a natureza quisesse contribuir para tornar completa a promessa da nova vida. Hans não aguentava mais ficar no campo. Havia uma tensão nele que o compelia a ir embora, como um pássaro cuja gaiola acabou de ser aberta.

Ele foi em direção a Rajsko. O estrondo de canhões enfraqueceu; só se ouvia o tumulto da guerra muito ao longe, onde os alemães tentavam formar um novo *front*. Depois de pouco tempo ele chegou a *No pasarán*. Ficou chocado com a visão do vilarejo, uma parte do casebre tinha sido destruída por uma granada. Dois tanques alemães estavam perto, um deles destruído por completo pelo fogo. Certamente foram eles que causaram esse estrago.

Hans entrou no casebre. Não havia ninguém. A sala estava intacta, mas a cozinha, completamente revirada. Ali ele encontrou os restos do saxofone. Teve que rir. O que significavam perdas materiais agora?

Mesmo assim ele se sentiu nervoso. Era como se algo o impelisse a continuar caminhando, cada vez mais longe, para um destino desconhecido. Ou andar até que ele, vencido pelo cansaço, deitasse na beira da estrada e tudo terminasse.

Então caminhou sobre os campos ainda cobertos de neve. A camada de neve era fina e de vez em quando ele pisava numa poça. Estava com os pés molhados e, apesar do calor do sol, sentiu frio e desconforto.

De repente ele estava diante da torre. Não sabia como tinha chegado ali. Não tinha procurado a torre, tinha vagado pelo campo sem planos, sem destino. A madeira estava úmida e aqui e ali ainda havia neve. Ele subiu com cuidado. A torre tinha três plataformas. Quando chegou à primeira, olhou para baixo. Teve uma sensação muito desagradável, vertigem. Sentiu como "aquilo" o impelia novamente. Agora não para longe, bem longe, até que por cansaço chegasse ao fim de suas forças, mas para baixo. Um passo em falso e ele cairia, esmagado e liberto da tristeza que o prendia e para junto dela, que envolvia todos os seus pensamentos.

Mas ele se forçou a subir. Ele devia, não podia ceder ao desejo de fugir de toda tensão. Fugir, não; lutar. Sempre continuar lutando. "Pois sós não somos nada." Era poesia. A vida continuava.

O sangue que corria em suas veias o impelia a ir adiante e suas pernas certamente não negariam serviço se ele quisesse subir. Então Hans continuou. Primeiro um pouco inseguro, mas depois resoluto, degrau por degrau.

Sobre o último degrau, havia um alçapão. Ele o empurrou e chegou à plataforma mais alta. Tinha a sensação de vitória. Uma vitória sobre a morte. Agora ele estava acima de todas as árvores e acima de todas as casas da região. Era como se ele sentisse o cheiro da primavera no vento suave que o acariciava sobre a cabeça.

O campo não ficava longe. Dali ele podia ver como pedaços do muro branco tinham sido quebrados. Deu-lhe a sensação de ser um vitorioso, estar tão alto e olhar para aquele campo de onde ele nunca poderia ter escapado.

Um pouco mais à esquerda ficava Birkenau. Era grande. Mesmo visto dali, de onde o mundo todo estava a seus pés, de onde seu olhar parecia poder alcançar infinitamente longe, Birkenau parecia grande. Era realmente grande. Ali tinha sido realizado um trabalho de grandeza demoníaca. Nesse lugar foram mortas mais pessoas do que em qualquer outro lugar do mundo. Ali reinou um sistema de extermínio de um requinte sem comparação. Mas mesmo assim não foi perfeito. Do contrário ele não poderia estar ali, também não estaria mais vivo. Por que tinha sobrevivido? O que lhe dava o direito de viver? No que ele era melhor do que todos os milhões que morreram?

Pareceu-lhe uma maldade incompreensível que ele não tenha compartilhado o mesmo destino dos outros. Mas ele pensou nas palavras daquela garota em *No pasarán*: "Tenho que continuar vivendo para contar sobre isso, para contar a todos, para convencer as pessoas de que aconteceu de verdade...".

Seu olhar vagava em direção ao sul. Sob o céu claro de início de primavera estendiam-se os campos ainda cobertos de neve. Mas lá, ao sul, o horizonte não era infinito. Lá o seu olhar não podia alcançar distâncias sem precedentes, lá havia uma região que seus olhos não podiam penetrar.

O horizonte sul era fechado pelos Beskides e lá estava novamente a visão: Friedel. Ele agarrou a balaustrada, seus dedos queriam cravar na madeira, como ela uma vez agarrou com suas mãos a tela que fechava as janelas do Bloco 10. Daquela vez tinham olhado juntos para os campos distantes. Agora estavam separados.

Ele estava aqui e ela estava lá, onde a visão a desenhava, como se a silhueta no horizonte não fosse o contorno das montanhas, mas a linha do corpo dela.

Todo o mundo estava aberto para ele, só que lá ele jamais iria, agora era para sempre inatingível. Uma vez eles estiveram lado a lado, e o anseio de seus corações os levou para aquelas montanhas. Agora ela estava longe dele, inatingível como uma vez foram aquelas montanhas.

Agora ele estava só.

Mas não inteiramente. Pois ele ainda via a imagem dela. Essa visão viveria para sempre nele. Tiraria forças disso para a sua missão na vida futura. Assim ela existiria nele, assim ela não teria vivido em vão e sua alma viveria através dele, mesmo que seu corpo descansasse lá nas montanhas azuis.

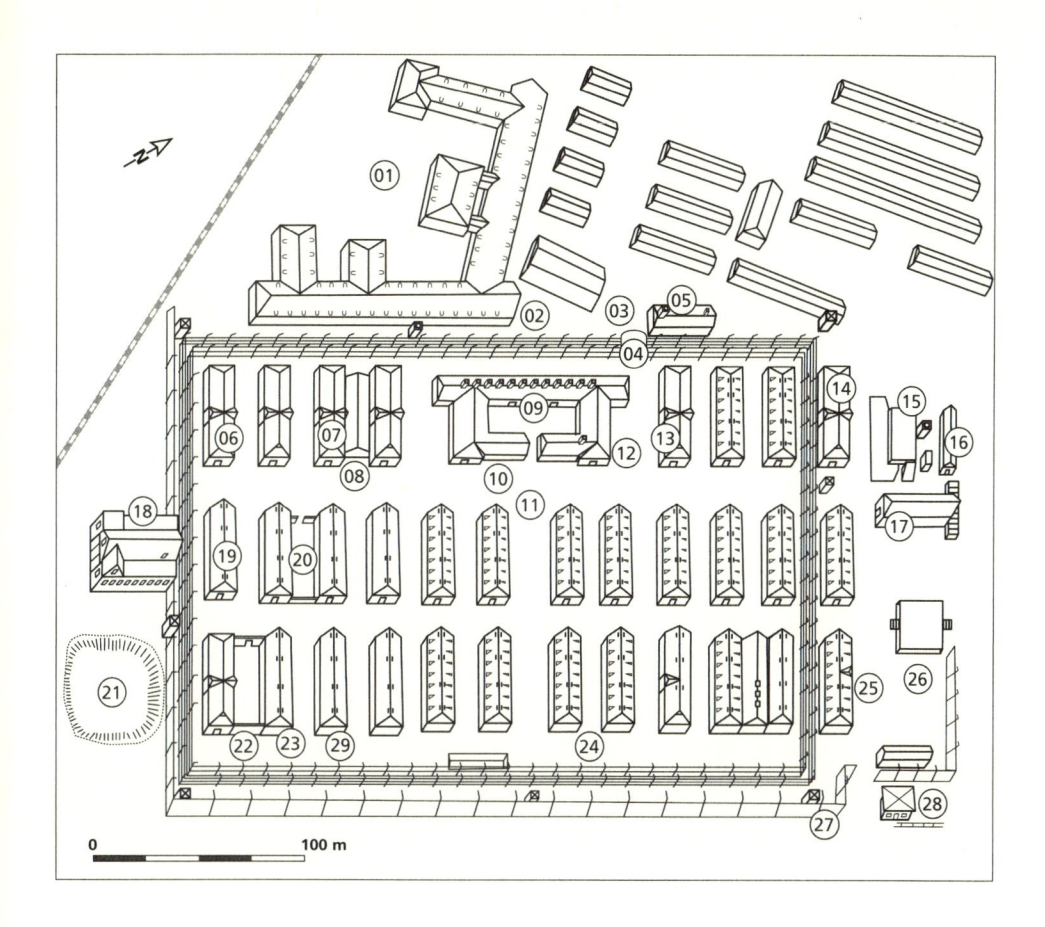

1- Prédio de registro de prisioneiros
2- Corredor dos Leões
3- Cova do cascalho 1
4- Entrada do campo "Arbeit macht frei"
5- Casa do Blockführer
6- Bloco 28 – barracão dos doentes
7- Bloco 26
8- Depósito de pertences dos prisioneiros
9- Cozinha dos prisioneiros
10- Campo das forcas
11- Área de chamada
12- Orquestra do campo
13- Bloco 24 e bordel 24a
14- Barracão de doentes da SS
15- Crematório 1
16- Gestapo: barracão de interrogatórios
17- Gestapo: secretariado, registro e administração do crematório
18- Teatro, depósito
19- Lavanderia da SS
20- Pátio interno dos barracões 20 e 21
21- Cova de cascalho 11
22- Bloco 11, área de execução: "o muro da morte"
23- Bloco 10, onde eram realizados experimentos médicos nas prisioneiras
24- Birkenallee
25- Quartel general do comando do campo
26- Bunker de defesa antiaérea
27- Muros de concreto
28- Casa ocupada pelo comandante do campo Rudolf Höss e família
29- Bloco 9

**Acreditamos
nos livros**

Este livro foi composto em Fairfield LT Std
e impresso pela Geográfica para a Editora
Planeta do Brasil em agosto de 2022.